Kos

Helmuth Weiss

Neu: Exklusive Reisetipps auf www.merian.de!

- **Gratis mehr Informationen:**
  Entdecken Sie den Premium-Bereich von www.merian.de

- **Topaktuelle Zusatznutzen:**
  Reiseberichte, Shopping, Tipps und Informationen

- **Neue Reiseziele entdecken:**
  über 5000 Destinationen weltweit

- **Einfach auf www.merian.de**
  Ihren persönlichen Zugangscode eingeben: **20060078**

Inhalt

4 Kos stellt sich vor
*Interessantes rund um
Ihr Reiseziel*

10 Gewusst wo ...
*Die besten Tipps und Adressen
der Insel*

12 **Übernachten**
Beliebtes Reiseziel für Gäste
aus ganz Europa

14 **Essen und Trinken**
Griechische Küche unter
freiem Himmel am Meer

18 **Einkaufen**
Lederwaren und Keramik sind
begehrte Mitbringsel

20 **Feste und Events**
Mit Leib und Seele feiern

24 **Sport und Strände**
Wassersport als Mittelpunkt
der Freizeitaktivitäten

28 **Familientipps – Hits für Kids**
Kinder sind gern gesehene
Gäste

30 Unterwegs auf Kos
*Kompakte Beschreibungen
aller wichtigen Orte und
Sehenswürdigkeiten mit
vielen Freizeit- und Kulturtipps*

32 **Kos-Stadt**
Pulsierendes Stadtleben –
ereignisreiche Historie

52 **Die Nordküste**
Ein Paradies für Wassersport-
begeisterte

58 **Die Inselmitte**
Badevergnügen, Bergdörfer
und ein imposantes Kastell

68 **Der Westen:
die Kéfalos-Halbinsel**
Traumstrände mit idealen
Windbedingungen für Surfer

MERIAN-TopTen
*Höhepunkte auf Kos, die Sie
unbedingt sehen sollten*
⟵ Klappe vorne

MERIAN-Tipps
*Tipps und Empfehlungen für
Kenner und Individualisten*
Klappe hinten ⟶

Erläuterung der Symbole

👨‍👧 *Für Familien mit Kindern besonders geeignet*

♿ *Diese Unterkünfte haben behindertengerechte Zimmer*

🐕 *In diesen Unterkünften sind Hunde erlaubt*

CREDIT *Alle Kreditkarten werden akzeptiert*
⊘ *Keine Kreditkarten werden akzeptiert*

Preise für Übernachtungen im Doppelzimmer ohne Frühstück:
●●●● 60–150 €   ●● 25–45 €
●●● 45–60 €   ● 15–25 €

Preis für ein Menü, Hauptgericht mit Salat, ohne Getränke und Trinkgeld:
●●●● ab 15 €   ●● ab 7,50 €
●●● ab 10 €   ● ab 6,00 €

- 76 **Routen und Touren**
  Die schönsten Ausflüge und Wanderungen

- 78 **Inselrundfahrt auf Kos**
  Die schönsten Plätze an einem Tag erkunden
- 80 **Zum einsamen Westkap**
  Eine Wanderung durch unberührte Natur
- 82 **Die Schwammtaucherinsel Kálymnos**
  Kleine Fischerdörfer und abgelegene Strände
- 85 **Entdeckungsfahrt nach Léros**
  Erkundung einer wenig bekannten Inselschönheit
- 88 **Die Vulkaninsel Níssyros**
  Schwefeldämpfe, Klöster und Göttersagen
- 92 **Zur »heiligen Insel« Pátmos**
  Auf den Spuren des Evangelisten Johannes

- 96 **Badeausflug nach Psérimos**
  Eiland der leisen Töne

- 98 **Wissenswertes über Kos**
  Praktische Hinweise und Hintergrundinformationen

- 100 **Geschichte**
  Jahreszahlen und Fakten im Überblick
- 102 **Sprachführer**
  Nie wieder sprachlos
- 106 **Essdolmetscher**
  Die wichtigsten kulinarischen Begriffe
- 108 **Kos von A–Z**
  Nützliche Adressen und Reiseservice

- 115 Kartenatlas
- 122 Kartenregister
- 124 Orts- und Sachregister
- 128 Impressum

Karten und Pläne

Kos und Níssyros	*Umschlagkarte vorne*
Kos-Stadt	*Umschlagkarte hinten*
Asklepieion	*45*
Kálymnos	*83*
Léros	*87*
Níssyros	*89*
Pátmos	*93*
Johanneskloster	*95*
Kartenatlas	*115–123*

Die Buchstaben-Zahlen-Kombinationen im Text verweisen auf die Planquadrate der Karten, z. B.
⤳ S. 116, B 2   Kartenatlas

Kos stellt sich vor

Vom Sandstrand Ágios Stéfanos bietet sich dem Badegast ein hübscher Blick auf das der Küste vorgelagerte Inselchen Nisi Kastro.

Endlose Sandstrände locken Jahr für Jahr mehr Besucher auf das kleine Eiland. Darüber hinaus gibt es auch Interessantes aus seiner ereignisreichen Geschichte zu entdecken.

Kos stellt sich vor

Kos ist mit seinen 290 Quadratkilometern nach Rhodos und Kárpathos die drittgrößte Insel des Dodekanes. Ungefähr 25 000 Einwohner leben hier das ganze Jahr über, doch während der Sommermonate geht es auf dem Eiland sehr lebhaft zu, wenn bis zu 60 000 Touristen gleichzeitig ihren Urlaub hier verbringen. Damit ist auch schon zum Ausdruck gebracht, was die Wirtschaftskraft der Insel bestimmt. Nur noch ein geringer Teil der Bevölkerung, weniger als zehn Prozent der Erwerbstätigen, findet sein Auskommen in der Landwirtschaft. Gemüse und Zitrusfrüchte, Oliven und Wein gedeihen zwar gut auf den fruchtbaren Böden, doch wirklich Geld verdienen können damit nur noch wenige.

An die Stelle der Bearbeitung des Bodens ist das Dienstleistungsgewerbe rund um den Tourismus getreten. Hotels und Restaurants, Geschäfte und Reisebüros beschäftigen das Gros der Erwerbstätigen, und selbst die bescheidenen produktiven Zweige, wie die Herstellung von Keramik und Textilien, sind abhängig vom Kommen der Urlauber.

Das Leben der Menschen hier zerfällt in zwei sehr verschiedene »Jahreszeiten«: Da ist die Urlaubersaison, die ungefähr sechs Monate umfasst, in der nicht wenige eine Sieben-Tage-Arbeitswoche haben, in der von morgens bis abends gekocht, bedient und serviert wird. In dieser Zeit muss genügend Geld verdient werden für den Rest des Jahres, die ruhigeren Wintermonate, die Zeit der Vorbereitungs-, Bau- und Renovierungsarbeiten, für viele aber auch die Zeit der Arbeitslosigkeit. Der Tourismusboom der vergangenen 20 Jahre hat Wohlstand auf die Insel gebracht, der durchschnittliche Verdienst der Einwohner auf Kos liegt mit an der Spitze der griechischen Einkommenspyramide.

Unumstrittenes Zentrum von Kos ist seine gleichnamige Hauptstadt. Fast die Hälfte der Einwohner hat sich hier niedergelassen, und die

Die Inselhauptstadt

langen Strände nördlich und südlich der Stadt haben dazu geführt, dass auch ein Großteil der Besucher sei-

Die Ölbäume in der Region liefern das hochwertige Olivenöl, von dem Urlauber gerne eine Flasche mit nach Hause nehmen.

nen Urlaub hier verbringt. Kos-Stadt ist nicht nur administratives Zentrum, hier konzentrieren sich auch die meisten Geschäfte, und die große Zahl an Bars, Tavernen, Discos und sogar ein Freiluftkino versprechen reichlich Abwechslung am Abend.

Die Hauptstadt vermittelt am besten einen Eindruck von der Geschichte der Insel, denn aus fast allen Epochen blieben steinerne Zeugen erhalten. Da sind die Ruinen aus hellenistischer und römischer Zeit, die sich mit Hilfe der Fantasie zum Leben erwecken lassen; da ist das mächtige Kastell am Hafen, Sinnbild der entschlossenen Abwehr des Byzantinischen Reiches und der Johanniter, der einstigen Herrscher auf Kos; da ragen spitze Minarette gen Himmel, Ausdruck einer mehrhundertjährigen türkischen Besatzungszeit. Nicht zuletzt beeindrucken die auf griechischem Boden zunächst ein wenig fremdartig wirkenden italienischen Bauten, die aus den zwanziger und dreißiger Jahren des 20. Jahrhunderts stammen.

Mit Kos-Stadt verbindet man auch den »großen Sohn« der Insel, **Hippokrates**. Der »Vater der Medizin« soll um 460 v. Chr. auf Kos geboren

Insel des Hippokrates

worden sein. Stolz wird als Urlauberattraktion die Platane des Hippokrates unweit des Hafens präsentiert, unter der der berühmteste Arzt der Antike seine Weisheiten an Schüler weitergegeben haben soll. Darunter allgemeingültige Lebensweisheiten wie: »Das Leben ist kurz, die Kunst ist lang. Der rechte Augenblick geht rasch vorüber. Alle Erfahrung ist zweideutig. Und wie schwierig ist die Entscheidung in jedem Falle!«

Hippokrates ging als erster Arzt, der die Medizin vom Glauben zu trennen begann, in die Geschichte ein. Zwar zweifelte auch er die göttliche Ordnung nicht an, doch seine Erkenntnisse waren für die damalige Zeit revolutionär: »Zweierlei sind Wissen und Glauben. Nichts ereignet sich ohne natürlichen Grund.« Entsprechend modern waren seine Ansichten über Therapie. Für ihn waren gesunde Ernährung und Bewegung wichtige Mittel für die Gesundung; ja, man könnte ihn sogar als einen der ersten Psychiater der westlichen Medizin bezeichnen, umfasste seine ganzheitliche Betrachtung des Menschen doch auch psychosomatische Aspekte. Bis in die moderne Zeit hinein war der **Hippokratische Eid** Bestandteil der Medizinerausbildung. In ihm heißt es unter anderem: »Ich werde diätetische Maßnahmen treffen zu Nutz und Frommen der Kranken nach meinem Vermögen und Verständnis, und wenn ihnen Fahrnis und Schaden drohen, so werde ich sie davor zu bewahren suchen ... Was ich aber während der Behandlung sehe oder höre, das will ich, soweit es nicht außerhalb weitererzählt werden soll, verschweigen, indem ich es als ein Geheimnis bewahre.«

Gleich oberhalb der Stadt blickt mit dem **Asklepieion** die wohl bedeutendste Sehenswürdigkeit der Insel auf die Küstenebene herab. Hier wurde nach den Prinzipien des Hippokrates behandelt, von weit her kamen Heilung und Linderung ihrer Krankheit Suchende und verbrachten zum Teil längere Zeit im Heiligtum. Solche Heiligtümer zu Ehren des Gottes Asklepios gibt es viele in Griechenland, doch kaum eines strahlt heute noch eine derartige Würde aus wie das von Kos.

Über Dutzende von Kilometern erstrecken sich rund um Kos meist feinsandige, zum Teil auch kiesbedeckte Strände. Ihretwegen fand die Insel Aufnahme in die Prospekte der Reiseveranstalter und entwickelte sich zu einem beliebten Badeparadies. Da sind zum einen die Strände rund um Kos-Stadt, an denen sich zahlreiche Hotelanlagen angesiedelt haben. Da ist der gesamte Nordosten der Insel zwischen **Kap Skandári** und **Mastichári**, eine fast durchgehende Strandlandschaft, in der die drei Badeorte Tigáki, Marmári und Mastichári eine ausgezeichnete Infrastruktur für Urlaubsgäste bereitstellen. Da sind die langen Strände zu beiden Seiten **Kardámenas**, wo in den letzten Jahren Ferienanlagen entstanden sind, die zum Teil die Dimension eines kleinen Dorfes besitzen. Und da sind schließlich die Strände von **Kamári**, von nicht wenigen als die schönsten der Insel bezeichnet.

Überall dort, wo Hotels und Ferienanlagen entstanden sind oder sich so mancher Einheimische mit Sonnenschirm- und Liegestuhlverleih seinen Lebensunterhalt verdient, werden die Strände regelmäßig gereinigt. Verschiedenste Wassersportmöglichkeiten werden überall auf der Insel angeboten. Vor allem unter Surfern hat sich Kos einen exzellenten Ruf erworben; auch während der heißesten Jahreszeit wehen vornehmlich nordwestliche Winde, die Surfer immer wieder aufs Wasser locken.

Doch auch für Abwechslung jenseits des Strandlebens ist gesorgt. Die bescheidene Größe der Insel – von einem Ende zum anderen sind es kaum mehr als 50 Kilometer – verhindert zwar, dass völlig abgelegene Dörfer jenseits des Tourismusgeschäftes erhalten blieben. Doch die kleinen Dörfer am Rande des **Díkeos-Gebirges** wie Pilí, Zía und Lagoúdi lohnen aufgrund der Atmosphäre und des weiten Ausblicks einen Ausflug in die Inselmitte. Wer noch mehr Einsamkeit sucht, kann von hier aus in die Berge wandern, selbst der Díkeos, mit seinen 846 Metern höchster Gipfel der Insel, bleibt erreichbares Ziel.

Antike Spuren, einsame Höhen und kleine Dörfer

Ähnliche Stille findet man ganz im Westen von Kos, wo jenseits des Ortes **Kéfalos** keine menschliche Siedlung mehr die Einsamkeit einer Wanderung durchbricht.

Antike Spuren kann man überall auf der Insel entdecken, Ruinen byzantinischer Kapellen, Reste hellenistischer Städte und Tempel und mittelalterlicher Burgen wie der von

Am besten lässt sich das geschäftige Treiben im Hafen von Póthia bei einem erfrischenden Getränk in einem der zahlreichen Cafés verfolgen.

Andimáchia. Sie sind ein unaufdringlicher und harmonischer Bestandteil der Landschaft.

Geradezu eine Sensation für griechische Verhältnisse ist die Existenz von Fahrradwegen rund um Kos-Stadt. Vor allem im Norden und Osten der Insel mit einer überwiegend flachen Küstenebene kann man seine Oberschenkelmuskeln ausgiebig trainieren. Den ganz Sportlichen bleibt das Díkeos-Gebirge als anspruchsvolle, schweißtreibende Herausforderung.

Keinsfalls sollte man einen Urlaub auf Kos beenden, ohne wenigstens eine der Nachbarinseln aufgesucht zu haben. Sie alle besitzen ihren ureigenen Charakter – und vielleicht findet man ja auf diese Weise eines seiner nächsten Urlaubsziele.

Per Schiff zu den Nachbarn

16 Seemeilen vor Kos liegt **Kálymnos**, viertgrößte Insel des Dodekanes. Das sehr bergige, steinübersäte Eiland hat sich als »Insel der Schwammtaucher« einen Namen gemacht. Zwar fahren nicht mehr wie in den vergangenen Jahrhunderten Hunderte von Schiffen zu ihrer gefährlichen Tauchfahrt hinaus, doch noch immer kann man hier aus einer großen Zahl frisch »geernteter« Naturschwämme seinen Bade- oder Zierschwamm auswählen. Vom Hauptort Póthia aus lohnt ein Besuch des kleinen Ortes Vathís am Ende eines langen, schmalen Fjordes. Hier reifen schon früh im Jahr saftige Mandarinen.

Steinig präsentiert sich auch die südlich von Kos gelegene Insel **Níssyros**. Hauptattraktion ist ihr mächtiger Vulkankegel, wo in einigen Kratern noch immer die Erde brodelt und dampft. Man kann den von Schwefeldämpfen bedeckten Kraterboden betreten, ein organisierter Tagesausflug mit Boot und Bus von Kos aus, den man sich nicht entgehen lassen sollte. Für Wanderer und Naturfreunde, die auf lange Sandstrände verzichten können, lohnt auch ein mehrtägiger Aufenthalt. Auf Terrassen wachsen Mandelbäume, Grundstoff zur Herstellung der Spezialität der Insel, »soumada«, einer wohlschmeckenden Mandelmilch.

Die 34 Quadratkilometer kleine Insel **Pátmos** zieht Jahr für Jahr Tausende von Besuchern an – wohl auch aufgrund einer alten Überlieferung: Hier soll der Evangelist Johannes in einer Grotte seine Offenbarungen diktiert haben. Von besonderer Schönheit ist das majestätisch hoch über dem Meer liegende Chóra mit dem Johanneskloster, bei einem Bummel durch seine Gassen bezaubert mittelalterliche Atmosphäre. Einer der berühmtesten Gäste der Insel war jahrelang der Verleger Axel Springer, der hier ein Haus besaß.

Für Badegäste und Surfer hat Pátmos sehr schöne Strände und Steilküsten zu bieten.

Auch wenn der Begriff etwas überstrapaziert ist – das knapp 55 Quadratkilometer große **Léros** ist noch so etwas wie ein Geheimtipp. Von Chartergesellschaften noch nicht angesteuert, halten sich Tourismus und griechischer Alltag noch angenehm die Waage. Dabei hat die Insel mit ihren schönen Badestränden, der hübschen Bucht um Agía Marína mit seiner mächtigen Burg und dem von italienischer Architektur geprägten Lakkí einiges zu bieten. Taucher können rund um die Insel hervorragende Tauchreviere erkunden.

Lohnenswert ist ein Besuch des nahe gelegenen **Bodrum** auf dem türkischen Festland: Allein schon die Atmosphäre des Basarviertels ist berauschend. Doch auch an Sehenswürdigkeiten gibt es einiges zu entdecken: das mächtige Mauerwerk der Johanniterburg direkt am Hafen, das Museum mit seinen archäologischen Schätzen sowie das antike Theater am Ortsrand.

Gewusst wo ...

Der Hafen von Kardámena mit seinen vielen großen und kleinen Booten verspricht in den Sommermonaten lebhafte Inselatmosphäre.

Kos hat viele Gesichter: Neben einer reizvollen Landschaft mit Bergen und endlosen Sandstränden locken auch bedeutende antike Stätten wie das Asklepieion Besucher auf die Insel.

Übernachten

Im Juli und August herrscht Hochsaison auf Kos. Gäste aus ganz Europa beleben dann die Insel.

Hotels im Hafen von Kos-Stadt, vom Johanniterkastell aus gesehen.

Übernachten

Kos lässt bei Unterkünften für Urlauber keine Wünsche offen. Die Statistik der Insel verzeichnet weit über 60 000 Gästebetten. Der größte Teil dieser Hotels, Pensionen, Ferienwohnungen und Privatzimmer befindet sich in der Stadt Kos und ihrer näheren Umgebung sowie in den drei Küstensiedlungen im Norden, Tigáki, Mármari und Mastichári. Vom luxuriösen Bungalowdorf und Vier-Sterne-Nobelhotel bis hin zur familiären Pension und dem schlichten Privatzimmer reicht das umfangreiche Angebot. Jenseits der Hauptreisemonate Juli und August gibt es keinerlei Probleme mit der Zimmersuche; zu dieser Zeit lässt sich manchmal sogar ein günstiger Zimmerpreis aushandeln – Preisnachlässe bis zu 20 Prozent sind durchaus keine Seltenheit, vor allem wenn man länger als drei Nächte bleibt.

Hotels werden in Griechenland von der griechischen Zentrale für Fremdenverkehr (E.O.T.) in mehrere Kategorien eingeteilt (Luxus, A, B, C, D und E), die jeweils einer bestimmten Ausstattung und Preisstufe entsprechen. Doch müssen diese Einteilungen nicht unbedingt mit den persönlichen Vorstellungen der Besucher konform gehen, sie bieten lediglich einen groben Anhaltspunkt. So kann ein Hotel der Kategorie B oder C durchaus eine angenehmere Atmosphäre und aufmerksameren Service bieten als ein Hotel der nächsthöheren Kategorie.

Ähnlich wie die Hotels sind auch Pensionen und Privatzimmer in Kategorien eingeteilt und unterliegen der Aufsicht der Fremdenpolizei. Wenn man nicht bereits pauschal gebucht hat, empfiehlt es sich, immer die Zimmer anzusehen, bevor man sich für das Quartier entscheidet.

MERIAN-Tipp

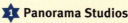 Panorama Studios

Die Aussicht über die Bucht von Kamári wird dem Namen der Unterkunft voll gerecht. Familie Diamantis, Inhaber des Ferienhotels, hat viele Jahre in Deutschland gearbeitet und wird daher bevorzugt von Gästen aus dem deutschsprachigen Raum besucht. Die freundliche und individuelle Atmosphäre des Hauses trägt überdies dazu bei, dass Besucher gerne wiederkommen. Alle Zimmer des modernen Hauses sind mit Kühlschrank ausgestattet, manche auch mit Kochmöglichkeit, und verfügen über einen Balkon. Eine Voranmeldung ist jedoch ratsam. Der nächste Strand ist zehn bis 15 Minuten zu Fuß entfernt, auch die nächsten Tavernen und Geschäfte. Ein Mietwagen oder ein Moped sind also empfehlenswert.

Kamári; Tel. und Fax 2 24 20/7 15 24
(im Winter Tel. 2 24 20/7 19 24);
E-Mail: panoramas@hol.gr;
17 Studios ●● ✉ ⇢ S. 116, C 2

Atmosphäre und Service

In jedem Hotelzimmer muss laut Gesetz eine offizielle Preisliste aushängen, die den verbindlichen Zimmerpreis angibt. Dies gilt auch für Zuschläge, die – etwa bei einer kurzen Übernachtungsdauer, einem zusätzlichen Bett oder während der Hauptsaison – vom Vermieter verlangt werden dürfen.

In der Vor- und Nachsaison bieten einige Reiseveranstalter und Hotels günstigere Tarife für Einzelreisende an. Zimmer müssen am Abreisetag bis 12 Uhr geräumt werden.

Vorteile der Vor- und Nachsaison

Empfehlenswerte Hotels und andere Unterkünfte finden Sie jeweils bei den Orten im Kapitel »Unterwegs auf Kos«.

Essen und Trinken

Griechische Küche genießt man am besten unter freiem Himmel und bei einer lauen Meeresbrise.

Ein typisch griechisches Essen: frischer Fisch, gebratene Kartoffeln, ein Bauernsalat und dazu eine Karaffe Retsina.

Essen und Trinken

Auch auf Kos und den Nachbarinseln passen sich die Küchenchefs gerne ihrer internationalen Klientel an. Vor allem in den Sommermonaten, in denen der Alltag vom Umgang mit den Urlaubsgästen geprägt ist, hat die so genannte internationale Küche Einzug in Hotelrestaurants und Tavernen gehalten und traditionelle Essgewohnheiten ein wenig in den Hintergrund gedrängt. Auch wenn Griechenland nicht gerade den Ruf eines Schlemmerparadieses genießt, gilt immer noch: Ein aus frischen Zutaten zubereitetes Gericht in einer typischen Taverne, mit regionalen Kräutern verfeinert, wird kaum einen Besucher enttäuschen. Auch das heimische Weinangebot braucht keinen Vergleich zu scheuen.

Ein ausgiebiges **Frühstück** entspricht ganz und gar nicht griechischen Gewohnheiten. Ein Tässchen Kaffee, Toast mit Butter und Marmelade – das war's dann auch schon.

Griechische Essgewohnheiten

Doch keine Sorge: Die meisten Hotels haben sich auf die Bedürfnisse ihrer Gäste eingestellt und bieten ein erweitertes Frühstück an, das man sich am Büfett selbst zusammenstellen kann. Das ist jedoch nicht überall der Fall, so dass es in manchen Fällen besser ist, nur die Übernachtung zu buchen und sein Frühstück in einem gemütlichen Café einzunehmen.

In den Urlauberzentren kann man vielerorts bereits ab 11 Uhr zu **Mittag essen**. Für den kleinen Hunger zwischendurch reichen häufig auch die Imbissstuben (»psistaría«), in denen man sich mit »gíros« satt essen kann.

Hauptmahlzeit der Griechen ist das **Abendessen**. Dann hat die Hitze des Tages nachgelassen, und man kann genüsslich in geselliger Runde speisen. Während in den Hotels das Essen meist gegen 19 Uhr serviert wird und manche Restaurants ab 18 Uhr Abendessen anbieten, gehen Griechen häufig erst gegen 21 oder 22 Uhr in die Tavernen. Entsprechend lang wird dann auch getafelt. Natürlich hat der Urlauberbetrieb diese Grenzen durchbrochen, und vielerorts wird man inzwischen beinahe rund um die Uhr mit Essen versorgt.

Griechenland-Neulinge sind beim ersten Mal wahrscheinlich verblüfft: Griechisches Essen, ausgenommen Gegrilltes, wird traditionell lauwarm serviert, heiße Speisen auf dem Tisch sind Zugeständnisse an die Urlauber und kommen bisweilen aus der Mikrowelle. Man sollte es also nicht als Unhöflichkeit ansehen, wenn man, vor allem in einfachen Tavernen abseits der Urlauberzentren, kein dampfendes Gericht vor sich stehen hat. Nach griechischer Auffassung kommt der Eigengeschmack der verschiedenen Zutaten nur lauwarm richtig zur Geltung. Dies gilt vor allem für den wichtigsten Bestandteil fast jeden Gerichts: Olivenöl. Für manche Besucher anfangs gewöhnungsbedürftig, ist es jedoch

---

MERIAN-Tipp

2 Taverne Katerína

Gleich unmittelbar an den Club Mediterranée anschließend, ganz am Ende der Bucht von **Kamári**, wartet dieser Familienbetrieb auf hungrige Gäste. Katerína, die mit Mann und Kindern das Lokal betreibt, kocht nicht nur vorzüglich, sondern trägt mit ihrer herzlichen Art zu einem gelungenen Mahl bei. Versäumen Sie es nicht, hier einmal die gemischte Fischplatte zu probieren – und fragen Sie nach selbst gebackenem Brot aus dem Holzofen, das allerdings nicht jeden Tag angeboten wird. Am wenige Meter entfernten Strand können Sie ein Bad genießen.

Kamári; Tel. 2 24 20/7 15 13; ganztägig geöffnet ● ⌧ ⤑ S. 116, C 2

Essen und Trinken

nicht nur schmackhaft, sondern auch gesünder, wie wissenschaftliche Untersuchungen der letzten Jahre erwiesen haben.

In vielen Restaurants und Tavernen erwarten den Gast mittlerweile mehrsprachige Speisekarten. Meist sind jedoch nur diejenigen Gerichte verfügbar, die auch mit einem Preis versehen sind.

Eine liebenswerte und appetitanregende griechische Tradition tritt mit zunehmendem Urlauberbetrieb leider immer stärker in den Hintergrund: sich nicht auf die Speisekarte zu verlassen, sondern sich als »Topfgucker« zu betätigen und die Zusammensetzung seines Essens mit einem Blick auf die angebotenen Zutaten – Fleisch, Fisch, Gemüse, Salat, Kräuter und Beilagen – selbst zu bestimmen. In einigen kleineren Tavernen ist es noch üblich, am Tresen oder in der Küche zuerst einmal in die verschiedenen Tiegel, Töpfe und Pfannen, ja sogar in den Kühlschrank zu schauen, die fertigen Gerichte zu begutachten und sich »mit den Augen Appetit zu machen«.

Wenn nicht besonders darauf hingewiesen, wird in Griechenland alles auf einmal serviert. Will man das vermeiden oder kann man sich nicht verständlich machen, so ist es am besten, die einzelnen Gerichte einfach nacheinander zu bestellen.

Die griechische Tischgesellschaft, die »paréa«, folgt meist einer sympathischen Tradition, die zur Nachahmung empfohlen wird: Man bestellt gemeinsam, alles wird auf dem Tisch aufgebaut, und jeder nimmt sich von den zahlreichen Tellern das, was ihm schmeckt. Auf diese Weise kann man viele verschiedene Gerichte probieren. Nach griechischer Sitte bezahlt am Schluss einer für alle, eine Ehre, um die heftigst gestritten wird. Noch immer führt es daher bei manchen Kellnern zu Schwierigkeiten, wenn mehrere Personen an einem Tisch einzeln bezahlen wollen. Im Rechnungspreis sind Mehrwertsteuer und Bedienung enthalten.

Die unterschiedlichen Lokaltypen

Das »estiatório« ist ein Restaurant mit allen Arten von Speisen, ob Fisch oder Fleisch, Gebratenes, Gegrilltes oder Suppen. Hierher geht man eigentlich nur zum Essen, ohne sich hinterher noch lange aufzuhalten. In der Praxis kaum noch davon zu unterscheiden ist die bereits in den deutschen Sprachschatz aufgenommene »tavérna«. Ursprünglich ein Weinlokal mit einfachen Gerichten, bekommt man heute auch hier eine breite Speisenauswahl angeboten. Bis spät in die Nacht sitzen hier noch gesellige Runden zusammen.

Nur noch relativ selten findet man eine »psárotavérna«, eine auf Fischgerichte spezialisierte Taverne.

Das »kafeníon« ist noch immer beliebtester Aufenthaltsort vor allem der griechischen Männerwelt. Hier wird nicht nur Kaffee getrunken, es ist Nachrichtenbörse, politischer Stammtisch und Freizeittreff in einem.

Schicke Bistros und stimmungsvolle Tavernen — in Kos-Stadt ist die Auswahl an Cafés und Restaurants fast unüberschaubar. Irgendwo findet man immer ein passendes Plätzchen.

Essen und Trinken

In einer »ouzerí« wird, wie der Name schon verrät, **Ouzo** serviert, aber auch andere Getränke, dazu werden Appetithäppchen oder andere leckere Vorspeisen gereicht.

Eine »zacharoplasteíon«, eine Konditorei mit einer großen Auswahl an süßen Törtchen, Kuchen und Keksen, sollte man am besten am Nachmittag aufsuchen.

Getränk Nummer eins in Griechenland, ob zum Kaffee oder beim Essen, ist **Wasser**. Früher wurde bei jeder Bestellung ungefragt und kostenlos ein Glas oder eine Karaffe Wasser serviert, heute muss man meist eine Flasche mit abgefülltem Wasser bestellen. Mittlerweile haben mehrere große europäische Bierbrauereien Niederlassungen in Griechenland eröffnet, Firmen wie Löwenbräu, Heineken, Amstel und Karlsberg produzieren ihren Gerstensaft also auch vor Ort. Nicht schlecht ist jedoch auch griechisches **Bier**, das unter dem tiefsinnigen Namen »Mythos« angeboten wird.

Doch noch immer ist **Wein** das traditionelle Getränk zum Essen. Der Weinverbrauch in Griechenland ist doppelt so hoch wie in Deutschland. Der geharzte **Retsína** allerdings ist nicht jedermanns Geschmack. Harz wird dem Wein übrigens anstelle von Schwefel zur Konservierung beigefügt, der Bekömmlichkeit ist das ohne Zweifel nicht förderlich. Die Winzergenossenschaft auf Kos produziert aber auch andere bekömmliche Weine wie den trockenen Weißen »Gláfkos«, den ebenfalls trockenen »Apellis« und die süßen Rotweine »Nectar« und »Vereniki«. Natürlich werden auf Kos auch gute »Tropfen« von anderen griechischen Regionen angeboten, darunter Weine von der Insel Rhodos, aus Naoússa (Insel Paros) und von der Chalkidiki.

Die bekanntesten griechischen **Spirituosen** haben auch bei uns längst Einzug gehalten. Neben Brandy oder dem Weinbrand Metaxa gilt das vor allem für »Ouzo«, einen Anisschnaps, der sowohl pur als auch verdünnt mit Wasser oder Eis getrunken werden kann. In sich haben es auch die reinen Tresterschnäpse, »rakí« oder »tsípouro«.

Jede Tageszeit eignet sich in Griechenland für einen Kaffee. Wer vermeiden will, dass mit Wasser aufgebrühtes Kaffeepulver serviert wird, bestellt sich besser einen »café ellinikó«, ein starkes, mokkaähnliches Getränk ohne Milch, zu dem stets ein Glas Wasser gereicht wird. Dieser **Mokka** wird verschieden stark und unterschiedlich süß serviert – das ist fast schon eine Wissenschaft für sich. Das Wichtigste für den Anfang: »glikó« = sehr süß; »métrio« = mit etwas Zucker; »skéto« = ohne Zucker. Sehr erfrischend bei großer Hitze ist auch ein kalter, schaumig geschlagener und mit Eiswürfeln servierter Pulverkaffee (»frappé«).

Griechischer Wein

Zu den traditionellen griechischen Gerichten gehört »mussakás«, ein sehr sättigender Auflauf aus Kartoffeln, Auberginen, Hackfleisch und einer Béchamel-Sauce, der sich sehr gut für eine Zwischenmahlzeit eignet und fast überall zu bekommen ist. Besonders zart und frisch kommen »dolmadákia« auf den Tisch, junge, eingerollte Weinblätter, zum Teil mit verschiedenen Gewürzen und Reis gefüllt. Einen herrlichen Abschluss einer jeden Mahlzeit stellt »jaúrti me meli« dar, ein bisweilen sogar hausgemachter, offener Jogurt, den man am besten zusammen mit Thymianhonig probieren sollte.

Empfehlenswerte Restaurants und andere Lokale finden Sie jeweils bei den Orten im Kapitel »Unterwegs auf Kos«.

Einkaufen

Beliebte Mitbringsel sind neben Lederwaren und Keramik auch duftende Kräuter und Olivenöl.

Handgefertigte Korbwaren und bedruckte Leinentaschen warten in einem Souvenirladen im Bergdorf Zía auf Käufer.

Schmuck, Leder und Gewürze – die Auswahl an Souvenirs auf Kos ist groß, so dass für jeden ein Mitbringsel dabei sein dürfte.

In allen größeren Orten, in denen sich Hotelanlagen etabliert haben, findet man Souvenirgeschäfte, die eine bunte Mischung von Geschenkartikeln bereithalten. Anders als die normalen Geschäfte, die im Sommer montags, mittwochs und samstags von 8 bis 14 Uhr, dienstags, donnerstags und freitags zusätzlich von 17 bis 20 Uhr geöffnet sind, halten Andenkenläden oft den ganzen Tag bis spät in die Nacht und sogar an Wochenenden ihre Pforten geöffnet. Die größte Auswahl finden Urlauber in Kos-Stadt, aber auch Orte wie Kardámena und Zía bieten ein breites Sortiment an. Die Zeit des Handelns ist übrigens vorbei, die angegebenen Preise verstehen sich tatsächlich als Fixpreise.

Lederwaren, Schmuck und Rosenkränze

Wie überall in Griechenland gibt es auch auf Kos viele **Keramikerzeugnisse**: Vasen, Teller, Essgeschirr und Gefäße aller Art und in unterschiedlicher Größenordnung.

Besonders preisgünstig auf Kos sind **Lederwaren**. Das Angebot reicht von Gürteln über modische Handtaschen und Rucksäcke bis hin zu Schuhen griechischer Herstellung, die in Design und Verarbeitung nichts zu wünschen übrig lassen und trotzdem weitaus billiger sind als zu Hause. Ein Bummel durch die Schuh- und Ledergeschäfte von Kos-Stadt wird jeden Besucher überzeugen.

Ebenso reichhaltig ist das Angebot an **Silber-** und **Goldschmuck**. Aufgrund der niedrigeren Herstellungskosten in Griechenland sind aufwändig verarbeitete Schmuckstücke zum Teil erheblich preiswerter als von daheim gewohnt. Häufig sind Ringe und Ketten mit Bildern von Personen oder Ereignissen der griechischen Geschichte und Mythologie verziert.

Ein besonderes Mitbringsel stellen die »kombolóia« dar, einem Rosenkranz ähnlichen **Gebetsketten**, die ihren ursprünglichen religiösen Sinn im griechischen Alltag längst eingebüßt haben. Sie werden in unterschiedlichsten Materialien, Formen und Farben angeboten, aus Stein, Holz, Kunststoff oder Glas.

In den **Musikgeschäften** von Kos-Stadt findet sich die gesamte Bandbreite der internationalen Pop-Musik und griechische Musik auf MC oder CD. Von Folklore bis hin zu orthodoxen Gesängen, kann man ein Stück Urlaubsatmosphäre mit nach Hause nehmen.

Antike **Ikonen** aus Griechenland auszuführen ist strengstens verboten. Doch das Angebot an Kopien ist groß, es reicht von industriell hergestellten bedruckten Bildtafeln – irritierenderweise häufig mit dem Zertifikat »hand-made« versehen – bis zu aufwändig handbemalten Kopien alter Meisterstücke. Diese zeitintensive Handarbeit hat dann natürlich auch ihren Preis. Um Schwierigkeiten mit dem Zoll zu vermeiden, sollte man sich bei hochwertigen Ikonen ein Ursprungszertifikat ausstellen lassen. Auch **Textilien**, vom Anzug bis hin zu kleinen Stickereien und spitzenbesetzten Deckchen, die noch in Heimarbeit gefertigt werden, sind auf Kos preiswert zu erstehen.

In der Markthalle von Kos-Stadt, aber auch in vielen anderen Souvenirläden, kann man sich mit einem Jahresvorrat an mediterranen **Kräutern** und **Gewürzen** eindecken. Salbei, Thymian und Oregano werden die Speisen zu Hause ohne Zweifel ebenso verfeinern wie eine Flasche hochwertiges Olivenöl aus regionaler Produktion.

Ausgewählte Geschäfte und Märkte finden Sie jeweils bei den Orten im Kapitel »Unterwegs auf Kos«.

Feste und Events

Ob Osterfest oder »Panijíria«: Die Griechen verstehen es, mit Leib und Seele zu feiern.

Die meisten griechischen Feste und Feierlichkeiten haben ihren Ursprung im orthodoxen Kirchenkalender.

Feste und Events

JANUAR
Neujahrstag
An die Kinder werden an diesem Tag kleine Geschenke verteilt. Im Neujahrskuchen ist eine Glück bringende Münze versteckt.
1. Januar

Epiphanias
Das Fest soll an die Taufe Jesu erinnern. Ein vom Priester ins Wasser geworfenes Kreuz wird von den jungen Burschen des Dorfes wieder herausgeholt.
6. Januar

FEBRUAR
Karneval
Am letzten Wochenende vor der Fastenzeit wird noch einmal tüchtig mit Musik und Tanz gefeiert.
Ende Februar

MÄRZ
Nationalfeiertag
An diesem Tag wird an den Beginn des Befreiungskampfes gegen die Türken erinnert. Schüler, Soldaten und örtliche Honorationen nehmen an Paraden teil. Am selben Tag wird auch das Kirchweihfest (»Panijíria«) im Dorf (→ S. 61) Evangelístria gefeiert.
25. März

APRIL
Ostern
Dem Osterfest geht traditionell eine 40-tägige Fastenzeit voran. Die so genannte Heilige Woche, die Zeit zwischen Palmsonntag und Ostern, ist eine Zeit intensivster Vorbereitungen. An jedem Abend rufen jetzt die Kirchenglocken zum Gottesdienst. In und um das Haus wird überall geputzt und gefegt, denn Verwandtschaftsbesuche stehen bevor, und viele zieht es in dieser Zeit in die Heimat, selbst aus dem Ausland reisen Besucher an.

Der Karfreitag ist der strengste Fastentag des Kirchenjahres: Dann darf nicht einmal pflanzliches Fett verzehrt werden, Rauchen und der Genuss von Alkohol sind verboten. In den Kirchen wird das Grab Christi aufgebaut und mit Blumen geschmückt. Am Abend dieses Tages wird dann Christus symbolisch zu Grabe getragen, eine große feierliche Prozession zieht durch den Pfarrbezirk, an der sich zahlreiche Gemeindemitglieder beteiligen.

Am Ostersamstag wird überall eifrig gebacken und gekocht, die Leckerein für das Wochenende müssen vorbereitet werden. Während diese Arbeiten in der Regel die Frauen übernehmen, ist es reine Männersache, das traditionelle Osterlamm oder Zicklein zu schlachten.

Kaum einer fehlt, wenn in der Osternacht die Auferstehungsfeier in der Kirche stattfindet. Feierlich angezogen versammelt sich die Gemeinde in den Kirchen, oft reicht der Platz gar nicht aus, und der Gottesdienst wird über Lautsprecher auf den Platz übertragen. Kurz vor Mitternacht zieht sich der »Papas« ins Allerheiligste zurück. Ruhe kehrt in der Kirche ein, wenn er um 24 Uhr mit dem Osterlicht wieder heraustritt, um zu verkünden: »Kommt und empfanget Licht vom Ewigen Licht und preiset Christus, der von den Toten auferstanden ist!« An diesem Osterlicht entzünden dann alle ihre mitgebrachten Kerzen, und schnell erhellt ein flackerndes Lichtermeer die Kirche und den Vorplatz. Die Verkündung der Auferstehung Christi wird von einem vielstimmigen »Alithós anéstie« (»Er ist wahrhaftig auferstanden«) von der Gemeinde beantwortet. Der nun einsetzende ohrenbetäubende Lärm von Knallkörpern und Raketen hallt vor allem in den Gassen wider. Als Zeichen der Versöhnung und Beendigung alter Feindschaften tauschen alle einen Osterkuss aus. Nun wird zu Hause im Familienkreise gefeiert, man nascht am Ostergebäck, schlägt die traditionell rot gefärbten Ostereier aneinander und stärkt sich mit einer dampfenden »magirítsa«, einer Sup-

Feste und Events

MERIAN-Tipp
Griechisch-orthodoxes Osterfest

Gemeinsam mit Griechen das Osterfest zu feiern ist für Besucher ein unvergessliches Erlebnis. Am Abend des Karfreitag wird Christus symbolisch zu Grabe getragen, eine Prozession, an der sich fast alle Gemeindemitglieder beteiligen. Am Ostersamstag wird dann das große Essen des nächsten Tages vorbereitet, das traditionelle Osterlamm wird geschlachtet. Religiöser Höhepunkt ist die Auferstehungsfeier am Abend des Karsamstag. Pünktlich um 24 Uhr spricht dann der Priester das erlösende »Christus ist auferstanden«. Vor allem die Jugend nutzt diesen Zeitpunkt für ein ohrenbetäubendes Spektakel mit Feuerwerkskörpern. Der Ostersonntag steht dann ganz im Zeichen der familiären Feier bis weit in die Nacht, zu der Verwandte auch von weit her anreisen.

pe aus Lamm-Innereien. Der Ostersonntag steht dann ganz im Zeichen von Essen und Trinken. Das Osterlamm bildet den Mittelpunkt einer riesigen Tafel, und nicht selten wird bei Tanz und Musik bis in den frühen Morgen gefeiert.
Ende April/Anfang Mai

Mai
Tag der Arbeit
Griechen nutzen diesen Feiertag für eine traditionelle Fahrt ins Grüne.
1. Mai

Panijíria
An diesem Tag im Mai feiert das Dorf Lagoúdi (→ S. 64) sein jährliches Kirchweihfest.
8. Mai

Mai/Juni
Pfingstmontag
Der 50. Tag nach Ostern ist in Griechenland ein gesetzlicher Feiertag.
Pfingsten

Juli
Panijíria
Kirchweihfest von Kamári. Am selben Tag findet eine Prozession zur Kirche Agía Paraskeví im Kastell von Andimáchia statt.
26. Juli

August
Festival Hippokratia
Während des ganzen Monats finden zahlreiche Veranstaltungen mit Mu-

Ostern wird in jedem Ort der Insel mit Leib und Seele gefeiert. Nach der mitternächtlichen Zeremonie in der Kirche wird zu Hause die traditionelle Ostersuppe gegessen.

Traditionell tanzt man in Bouzoúki-Lokalen in der Gruppe, Paartanz ist nicht üblich.

sik, Theater, Tanz und Sport in Kos-Stadt statt. Aktuelle Programmhinweise erhält man beim städtischen Informationsbüro (Odós Vassiléos Georgíou 1).
ganzer Monat August

Mariä Himmelfahrt
Überall in Griechenland wird an diesem Tag der heiligen Muttergottes gedacht.
15. August

Panijíria
Auf dem benachbarten Festplatz der Klosterkirche Ágios Ioánnis Thymianós (→ Routen und Touren, S. 80) findet jedes Jahr Ende August ein ausgelassenes Kirchweihfest mit Musik und Tanz statt. An den langen Zementtischen finden Hunderte von Besuchern Platz.
28./29. August

SEPTEMBER
Weinfest in Kardámena
Jedes Jahr in den ersten Septembertagen wird in Kardámena an der Südküste der Insel (→ S. 61) ein fröhliches Weinfest veranstaltet, bei dem auch Urlaubsgäste herzlich willkommen sind.
Anfang September

Panijíria
Kirchweihfest in Kardámena. Am gleichen Tag und Ort wird der Geburtstag der heiligen Muttergottes gefeiert.
8. September

OKTOBER
Nationalfeiertag
Am so genannten Óchi-Tag (»óchi« = nein) wird an den Widerstand gegen den Einmarsch der italienischen Truppen 1940 erinnert.
28. Oktober

DEZEMBER
Weihnachten
Im Gegensatz zu Ostern wird dem Weihnachtsfest eine geringere Bedeutung als bei uns beigemessen.
24. Dezember

Silvester
Mancherorts ziehen Kinder singend von Haus zu Haus und erhalten dafür als Lohn kleine Geschenke.
31. Dezember

Sport und Strände

Wassersport steht auf der Badeinsel Kos natürlich im Mittelpunkt aller Freizeitaktivitäten.

Bei gutem Wind flitzen die Katamarane in der Bucht von Kamári auf Kos übers Meer. Aufgrund seiner günstigen Windverhältnisse ist der Ort bei Wassersportlern sehr beliebt.

Sport und Strände

"Fit und vital" heißt die Devise. Die Ferienzentren sind auf aktive Gäste eingestellt, denen es nicht genügt, ihre kostbaren Urlaubstage nur mit Sonnenbaden zu verbringen. Kilometerlange, flach abfallende Sandstrände und zahlreiche Buchten mit sauberem, glasklarem Wasser machen Kos zu einer idealen Badeinsel – und so ist es nicht verwunderlich, dass Schwimmen und Baden bei den Urlaubsfreuden an erster Stelle steht. Dazu kommen noch alle sonstigen Aktivitäten rund ums Wasser: Surfer finden an einigen Stellen hervorragende Windbedingungen; Neulinge haben die Möglichkeit, in Schulen erste Erfahrungen auf dem Brett zu sammeln. Wasserski und Paragliding sind ebenso möglich wie Segeln und Tauchen. Aber auch ein gemütliches Tretboot kann man an einigen Stränden mieten.

Strände sind in Griechenland übrigens grundsätzlich frei zugänglich, ohne dass eine Gebühr erhoben werden darf. Eine Strandreinigung findet allerdings meist nur dort statt, wo auch Liegestühle und Sonnenschirme vermietet werden oder sich Hotels angesiedelt haben. An abgelegeneren Gestaden muss mit angeschwemmtem Strandgut gerechnet werden – dafür ist man hier eher unter sich.

Doch auch wer sich an Land sportlich betätigen will, kommt auf Kos nicht zu kurz. Das vor allem im Norden flache Gelände eignet sich hervorragend zum Fahrrad fahren, die Berge indes sind nur etwas für trainierte Mountainbiker.

Viele größere Hotelanlagen verfügen über Tennisplätze und ermöglichen Beach-Volleyball. Einige Hotels sind auch mit eigenen Fitnessräumen ausgestattet. Und wenn die Sonne nicht allzu sehr vom Himmel brennt, lockt eine Wanderung in den nahe gelegenen Bergen.

MOUNTAINBIKING
In allen Urlauberorten werden Mountainbikes verliehen. Doch sollten ungeübte Radfahrer die Steigungen im Díkeos-Gebirge vor allem bei sommerlicher Hitze nicht unterschätzen und auf jeden Fall auch an einen ausreichenden Wasservorrat denken. Vorsicht sollte man auch aufgrund der oft sandigen und steinigen Pisten walten lassen.

PARAGLIDING
An mehreren Stränden (zum Beispiel bei Kos-Stadt, in Kamári und Kardámena) kann man, von einem Seil gehalten, zu Gleitflügen über das Meer starten. Mehrere Anbieter dieser aufregenden Sportart unterhalten Stationen an viel besuchten Stränden.

RAD FAHREN
Die Gegend um Kos-Stadt sowie der Norden der Insel sind besonders flach und eignen sich deshalb sehr gut für Ausflüge mit dem Fahrrad, außerhalb der Hauptstadt ist sogar ein Fahrradweg angelegt worden. Zahlreiche Vermieter bieten mehr oder weniger gut gewartete Drahtesel an, so dass ein Vergleich der diversen Anbieter durchaus lohnt.

REITEN
In der Horse Riding School von Marmári können Pferde und Ponys ausgeliehen werden. Die Schule veranstaltet auch Reitausflüge.

SEGELN
Auf Kos werden im Wesentlichen nur Katamaran-Segler verliehen. Eine stunden- oder tageweise Miete ist möglich.

STRÄNDE
An schönen Badestränden fehlt es auf Kos wahrlich nicht. Immer wieder haben die Strände von Kos die Blaue Flagge der EU als Bestätigung für ihre gute Wasserqualität erhalten. Fast die gesamte Nordküste östlich von

Sport und Strände

Rad fahren ist auch auf Kos sehr populär. Eine Besonderheit für griechische Verhältnisse stellen die Radwege außerhalb der Hauptstadt dar.

Mastichári ist ein einziger lang gezogener Sandstrand, an dem man immer ein freies Plätzchen finden wird. Auch nördlich und südlich von Kos-Stadt ziehen sich lange Sandstrände hin, die sich optimal zum Baden und Sonne tanken eignen.

Ausführlichere Strandbeschreibungen finden Sie bei den einzelnen Orten im Kapitel »Unterwegs auf Kos«. Im Folgenden einige besonders reizvolle Strände:

Embrós-Thermen ⇢ S. 121, D 11
Rund um die Therme reihen sich mehrere kleine Kiesbadebuchten aneinander. Nur wenige Schritte trennen den Badegast von einem »Gesundheitsbad« im stark schwefelhaltigen Naturbecken.

Limniónas ⇢ S. 116, C 1
Der Strand ist winzig und wäre an und für sich nicht besonders erwähnenswert. Doch gleich nebenan liegen die beiden vielleicht besten Fischtavernen der Insel, so dass man ein Bad gut mit einem leckeren Mahl verbinden kann.

Paradise Beach ⇢ S. 117, E 1
Der sehr schöne Sandstrand im Südwesten von Kos zählt zu den beliebtesten Ausflugszielen, entsprechend quirlig geht es dort während der Hauptsaison zu. Er ist auch gut mit dem Inselbus zu erreichen; von der Hauptstraße muss man nur noch wenige hundert Meter zu Fuß zurücklegen.

Psérimos ⇢ Umschlagkarte vorne
Organisierte Badeausflüge von Kos-Stadt aus führen zu den empfehlenswerten feinsandigen Stränden der beschaulichen kleinen Nachbarinsel, die 4 km nördlich von Kos liegt.

Sunny Beach ⇢ S. 117, E 1
Der flach abfallende Sandstrand liegt unweit des bekannteren Paradise Beach im Westen der Insel. Hier ist jedoch nicht ganz so viel los; eine hübsch gelegene schattige Taverne oberhalb des Strandes bietet sich für eine Stärkung nach dem Baden an.

TAUCHEN
Auf Kos ist das Tauchen mit Flaschen generell verboten, da die Unterwas-

ser-Archäologen zu viele Schäden an der empfindlichen Flora und Fauna unter dem Meeresspiegel befürchten.

TENNIS
Die meisten größeren Hotels verfügen über einen eigenen Tennisplatz, zum Teil sogar mit Flutlicht. Nach der Hitze des Tages ist ein Tennismatch in den Abendstunden dann besonders angenehm.

WANDERN
Vor allem der kaum besiedelte einsame Westen der Insel sowie das Díkeos-Gebirge eignen sich für Wanderungen jenseits touristischer Betriebsamkeit. Bedacht werden sollte dabei allerdings, dass gekennzeichnete Wanderwege bzw. Beschilderungen nicht vorhanden sind und auch geeignetes Kartenmaterial nicht erhältlich ist. Ein gewisser Orientierungssinn ist also vonnöten, und so manch abrupt endender Ziegenpfad oder Sandweg muss in Kauf genommen werden. Ein ausreichender Wasser- und Verpflegungsvorrat ist ebenfalls wichtig, da unterwegs in diesen Gebieten kein Proviant gekauft werden kann.

MERIAN-Tipp

 Kap Kata

Wer einmal abseits der Urlauberströme baden möchte, dem sei ein Ausflug an die einsame Westküste empfohlen. Rund um das Kap Kata erwartet den Besucher ein dünenbesetzter Sandstrand, an den sich nur wenige Urlauber verirren. Südlich davon, am Sand-Kiesstrand bei der Kapelle Ágios Theólogos, gibt es eine gemütliche Taverne, deren Besitzer sich auf hungrige und durstige Badegäste freut. Allerdings benötigt man einen motorisierten Untersatz für diese abgelegene Gegend.   ···→ S. 116, B 2

Tagesausflügler aalen sich am Strand von Psérimos.

WASSERSKI
In allen größeren Urlaubsorten können Wasserski ausgeliehen werden.

WINDSURFEN
Verleih von Surfbrettern und auch Surfschulen findet man an zahlreichen Stränden von Kos. Mit bisweilen starkem Seegang muss an der Nord- und vor allem Westküste gerechnet werden. Die Bucht von Kamári ist für Surfer besonders gut geeignet. Die häufigen ablandigen Winde sind die Ursache dafür, dass dieser Teil von Kos innerhalb weniger Jahre zu einem der beliebtesten Surfreviere ganz Griechenlands wurde.

Familientipps – Hits für Kids

Kinder sind auf Kos gern gesehen und genießen Freiheiten, die ihnen anderswo verwehrt werden.

Kinderfreundliche Atmosphäre statt Disneyworld, Spaßbädern und Animation: Kos und seine Nachbarinseln sind familienfreundliche Urlaubsziele.

Familientipps – Hits für Kids

Alle Eltern, die im Urlaub mit Kindern unterwegs sind, wissen, dass die Kleinen für gelungene Ferien oft ganz andere Maßstäbe setzen als Erwachsene. Zum Baden geeignetes Wasser, Sand zum Buddeln und Spielen sowie eine Reihe von Spielkameraden – das kann für einen unbeschwerten Urlaub schon völlig ausreichen.

Viele Strände auf Kos sind für Kinder ausgesprochen gut geeignet. Das Wasser ist im Allgemeinen sauber, und an vielen Stellen fällt das Ufer sehr flach ab, so dass ein ausgelassenes Plantschen bedenkenlos möglich ist.

Kilometerlange breite Sandstrände, die in Hotel- und Ortsnähe täglich gereinigt werden, bieten ausreichend Spiel- und Buddelmöglichkeiten. Trotzdem sollte man Badeschuhe im Gepäck mitführen, denn leicht können Glasscherben oder scharfkantige Felsen zu hässlichen Verletzungen führen. Darüber hinaus heizt sich der Sand während der heißen Sommermonate derart auf, dass der Weg zum Wasser barfuß einem Sprint über glühende Kohlen gleicht.

Der Umgang der Einheimischen mit Kindern ist im Alltag von einer gewissen Lässigkeit und Unkompliziertheit geprägt. Viel stärker sind Kinder hier in die Welt der Erwachsenen eingebunden, werden bis spät in den Abend in Restaurants und Bars mitgenommen oder dürfen noch draußen herumtollen. In den Restaurants und Hotels wird ihnen meist mit Geduld und Freundlichkeit begegnet. Dafür fehlen andererseits bestimmte Dinge, an die wir uns gewöhnt haben: Das sind beispielsweise Kinderstühle in Lokalen und Kindersitze in Mietwagen.

Schon ein Blick in die Prospekte der Reiseveranstalter verrät, mit welchen besonderen kindgerechten Einrichtungen die verschiedenen Hotels locken: Diese reichen von Kinderplantschbecken, Spielplätzen und -zimmern über Sportangebote bis hin zu speziellen Kindermenüs. Und in »Mini-Clubs« werden die Kleinen stundenweise betreut und eigene Kinderprogramme organisiert. Gewöhnlich ist es auch kein Problem, in einem Doppelzimmer ein drittes Bett aufzustellen (20 Prozent Zuschlag). Eltern noch nicht schulpflichtiger Kinder können bei einigen Veranstaltern zusätzlich zu den normalen Kinderermäßigungen nicht unerhebliche Rabatte erhalten, wenn sie ihre Reisezeit in bestimmte Wochen der Vor- oder Nachsaison legen. Mit einem sorgfältigen Studium der Kataloge lässt sich also für Familien so mancher Euro sparen.

Am ausgefeiltesten und fantasievollsten ist die organisierte **Kinderbetreuung** in den großen Ferienclubs wie Club Méditerranée am Strand von Kéfalos oder im Robinson Club Daidalos bei Andimáchia. Abwechslungsreiche und fantasievolle Kinderprogramme unter der Aufsicht von erfahrenen Animateuren verschaffen Eltern so manche ruhige Stunde zum Abschalten oder für eigene Aktivitäten.

Kinder erhalten auch in öffentlichen Verkehrsmitteln und auf Schiffen Ermäßigungen.

Besichtigungen sind normalerweise für viele Kinder kein großes Vergnügen. Aufregend sind allerdings »Eroberungen« von abenteuerlichen Burgen, die sich mit allerlei Geschichten und Spielen verbinden lassen. In Kos-Stadt bietet sich dafür das Kastell am Hafen an, sehr romantisch liegt auch die Festung von Alt-Pilí. In beiden Fällen sollte man wegen fehlender Absperrungen jedoch entsprechende Vorsicht walten lassen. Ein Ausflug auf eine Nachbarinsel mit einem der Piratenschiffe von Kos-Stadt aus bereitet Kindern und Jugendlichen meist ebenfalls große Freude.

Unterwegs auf Kos

Das an den Ausläufern des Díkeos-Gebirges herrlich gelegene Asklepieion zählte zu den bekanntesten Heil- und Pilgerstätten der Antike.

Die längsten Strände, die luxuriösesten Hotels und eine Stadt, die noch den Geist von 400 Jahren türkischer Herrschaft atmet – Kos ist Inselurlaub mit allen Facetten.

Kos-Stadt

Pulsierendes Leben im Hochsommer – den Kontrast bilden steinerne Zeugen aus vergangenen Epochen.

Der Hafen von Kos-Stadt bezaubert durch seine bunte Mischung aus Yachten, Ausflugsbooten und Fischerkähnen.

Kos-Stadt ⇢ S. 121, D 10

12 000 Einwohner
Stadtplan → Umschlagkarte hinten

Das Zentrum von Kos-Stadt bildet der quirlige Hafen mit seinem bunten Gemisch aus internationalen Yachten, kleinen Fischerkähnen und den zahlreichen Ausflugsbooten. Über all dem wacht die mächtige Burg als Wahrzeichen der Stadt. Hinter der Uferpromenade öffnet sich ein Gewirr von Gassen und Plätzen mit Hunderten von Läden, Restaurants, Cafés und Bars. Große Teile der Altstadt sind als Fußgängerzone ausgewiesen. Das bunte Nebeneinander von italienischen Bauten des 20. Jahrhunderts, osmanischen Moscheen und antiken Stadtresten verleiht der Inselmetropole Kos ein unverwechselbares, interkulturelles Flair.

Die eigentliche Geschichte der Siedlung beginnt im 4. Jh. v. Chr., als Kos-Stadt als neue Inselhauptstadt gegründet wurde, wenngleich schon viel früher in dieser Region frühgriechische Achäer angesiedelt waren. Rasch entwickelte sich Kos-Stadt zu einer wohlhabenden Handelsniederlassung, nicht zuletzt aufgrund ihres geschützten Hafens und der Nähe zum kleinasiatischen Festland. Doch immer wieder mussten sich die Bewohner den Naturgewalten geschlagen geben, denn mehrmals im Verlauf der Jahrhunderte zerstörten gewaltige Erdbeben die Stadt. Das letzte Mal im Jahre 1933, als zahlreiche Häuser dem Erdboden gleichgemacht wurden.

Ebenso periodisch kamen Eroberer auf die Insel und rissen die Macht an sich. Den Griechen folgten die Römer, den Byzantinern, Venezianern und Johannitern schließlich die Türken. Alle hinterließen ihre steinernen Zeugnisse, so dass ein Bummel durch die Innenstadt einem Spaziergang durch ein Freilichtmuseum einer mehr als 2000-jährigen Geschichte gleicht.

Zu beiden Seiten des Zentrums erstrecken sich kilometerlange Strandabschnitte, wo moderne Hotelkomplexe und Restaurants sich ganz auf den seit Jahren wachsenden Tourismus eingestellt haben und sich während der Sommermonate Liegestühle eng aneinander reihen.

HOTELS/ANDERE UNTERKÜNFTE

Anna ⇢ Umschlagkarte hinten, b 4
Am Rande der Altstadt gelegene, ältere und persönlich geführte Pension in ruhiger Lage. Die gepflegten Zimmer verfügen teilweise über einen Balkon.
El. Venizélou 77; Tel. 2 24 20/2 30 30, Fax 2 38 86; 24 Zimmer ●● ✉

Marína
⇢ Umschlagkarte hinten, b 3
Da man hier direkt am Hafen wohnt, sollte man keine beschauliche Ruhe erwarten. Dafür entschädigt der schöne Blick auf den Hafen. Das Hotel ist ganzjährig geöffnet und von einer familiären Atmosphäre geprägt.
Aktí Koundouriόti 33; Tel. 2 24 20/ 2 51 11, Fax 2 52 66; 54 Zimmer ●● ✉

Veroniki
⇢ Umschlagkarte hinten, b 3
Ein einfaches, aber gepflegtes Hotel. Ganz in der Nähe des Hafens gelegen.
Odós P. Tsaldári 2; Tel. 2 24 20/2 81 23; 21 Zimmer ●● ✉

Afenthoúlis
⇢ Umschlagkarte hinten, f 5
Das kleine Hotel jenseits des lauten Zentrums bietet hübsche Zimmer und eine schöne Terrasse vor dem Haus.
Evripilou 1; Tel. 2 24 20/2 53 21; 24 Zimmer ● ✉

Alexis ⇢ Umschlagkarte hinten, b 3
Einfache Familienpension in der Nähe des Hafens mit Etagenduschen. Persönliche Atmosphäre, internationales Publikum.
Odós Irodótou 9; Tel. 2 24 20/2 87 98; 13 Zimmer ● ✉

Irene ---> Umschlagkarte hinten, c 4
In dem am Hafen gelegenen Hotel wohnt man mitten im Stadtzentrum. Es gibt auch einige Apartments mit ruhigeren Balkonen zum Hinterhof.
Odós Feréou; 12 Apartments •

Iris
---> Umschlagkarte hinten, südöstl. f 6
200 m ist das ruhig gelegene Hotel vom Strand entfernt, südöstlich des Zentrums. Geräumige, saubere Zimmer und guter Service. Den Gästen, darunter viele Schweizer, steht ein schöner Pool zur Verfügung.
2 km südöstlich des Hafens;
Tel. 2 24 20/2 44 54; 30 Zimmer •

Virginia
---> Umschlagkarte hinten, d 5
Südlich des Zentrums gelegen kann man hier noch einigermaßen ruhig übernachten. Der Strand ist knapp 100 m entfernt.
Korai 1; Tel. 2 24 20/2 37 49; 25 Zimmer •

SPAZIERGANG
Wir beginnen den zwei- bis dreistündigen Rundgang durch das Zentrum von Kos-Stadt am belebten **Mandráki-Hafen**. Nach einem Bummel am Rand des Hafenbeckens geht es in die P. Tsaldári – vorbei an den spärlichen Resten eines antiken **Stadions** – auf der man eines der interessantesten Ausgrabungsfelder der Stadt erreicht. Hier befand sich das **Gymnasion**, an seinen wieder errichteten Säulen leicht zu erkennen. Über eine alte römische Straße gelangt man in den östlichen Teil der archäologischen Grabungen, wo mehrere **Mosaikfragmente** zu sehen sind, darunter die Darstellung der Entführung Europas durch Göttervater Zeus. Eine weitere interessante Ausgrabungsstätte liegt nur wenige Schritte entfernt auf der anderen Seite der belebten Straße Grigoríou E. Die Sitzreihen des kleinen römischen **Odéons** verführen zu einer beschaulichen Rast. Bevor es wieder zurück in das belebte Zentrum geht, sei Kunst- und Geschichtsinteressierten noch ein kurzer Abstecher zur **Casa Romana** empfohlen, eine einst prächtige römische Villa nebst Mosaiken im Freien.

Schräg gegenüber des Odéons führt eine kleine steile Straße vorbei

Der Blick aufs Detail lohnt: Überall in der antiken Agorá stößt man auf die Spuren einer glanzvollen Epoche.

Kos-Stadt

am Ausgrabungsgelände hinauf zur Platía Diagóra. Mehrere Cafés und Restaurants laden hier zum Verweilen ein, bevor es über die schmale Gasse Apélou in das Straßengewirr der **Altstadt** geht, wo sich Geschäft an Geschäft reiht.

Die Straße Iféstou führt uns direkt zum zentralen Platz der Stadt, der Platía Eleftherías, von der **Markthalle** in zwei Teile geteilt. Hier erhebt sich die **Kathedrale** (Agía Paraskeví) der Stadt, nicht weit entfernt die **Defterdar-Moschee**, gleich daneben das **Archäologische Museum**. Hübsche Cafés hinter der Markthalle und rund um die Moschee bieten ein schattiges Plätzchen für ein erfrischendes Getränk. Durch das so genannte **Tor der Steuern**, von farbenprächtigen Bougainvilleen umrankt, gelangt man zur **Agorá**, dem antiken Marktplatz der Stadt. Die Loggia-Moschee weist den Weg zur berühmten **Platane des Hippokrates** und dem danebenliegenden italienischen **Gouverneurspalast**. Über eine kleine Brücke erreicht man das **Kastell**, das einen schönen Blick auf das Hafenrund gewährt. Nur wenige Schritte sind es von hier aus zurück zum Ausgangspunkt am Mandráki-Hafen.

Sehenswertes

Agorá

---> Umschlagkarte hinten, c 4/ d 4

Von der Platía Eleftherías her gelangt man durch das **Tor der Steuern** auf das antike Ausgrabungsgelände. Das Tor selbst ist »jüngeren« Datums, es stammt aus dem 14. Jh. und markiert vermutlich die Stelle, an der die ausländische Kaufleute einst Zoll für ihre Waren entrichten mussten. Das Ausgrabungsgelände war bis 1933 mit Häusern bebaut, bis ein heftiges Erdbeben erhebliche Verwüstungen anrichtete und dadurch den Archäologen die Chance eröffnete, die antiken Reste freizulegen. Die antike Agorá war einst Mittelpunkt der Stadt, Markt- und Versammlungsplatz zugleich. Heute finden sich hier Reste aus verschiedensten Jahrhunderten nebeneinander, so dass es dem archäologischen Laien schwerfallen dürfte, eine Struktur zu erkennen.

Im westlichen Bereich des Geländes, markiert durch zwei wieder errichtete Säulen, befand sich der eigentliche Markt- und Versammlungsplatz mit einer Fläche von 160 mal 80 m. Die ältesten Reste stammen aus dem 4. Jh. v. Chr. In den Gewölben waren Läden und Werkstätten untergebracht. Die sich mitten durch das Gelände ziehenden Mauerreste gehören zu der hellenistischen **Stadtmauer**. An den korinthischen Kapitellen sind die Überreste eines **Aphrodite-Tempels** aus dem 2. Jh. v. Chr. zu erkennen. Im nordöstlichen Teil des Geländes, unterhalb der Loggia-Moschee, weisen wieder errichtete Säulen auf eine Wandelhalle (»Stoa«) aus dem 4. Jh. v. Chr. hin. Später, im 5. Jh., wurde an dieser Stelle eine dreischiffige Basilika errichtet, deren Spuren noch deutlich zu erkennen sind. In unmittelbarer Nähe gibt es – häufig zum Schutz vor Regen und Sonne durch Sand und Steine bedeckte – interessante Reste von Mosaiken zu entdecken.

Das Ausgrabungsgelände ist jederzeit frei zugänglich.

Casa Romana

---> Umschlagkarte hinten, c 6

Die 1933 freigelegte und 1940 von italienischen Archäologen rekonstruierte römische Villa aus dem 3. Jh. n. Chr. demonstriert anschaulich den hohen Standard der Wohnkultur reicher Römer. Die Villa verfügt über drei Innenhöfe, um die sich zahlreiche Zimmer gruppieren.

Gleich rechts vom Eingang kann man einen Blick auf eine gut erhaltene Toilettenanlage werfen. Direkt am Eingang liegt der erste Innenhof, dessen Mosaikfußboden einen Löwen und einen Panther bei der Jagd zeigt. Im zweiten Innenhof wenige Meter weiter sind ebenfalls Reste des mosaikverzierten Fußbodens erhalten geblieben. Darauf sind unter anderem Meeresnymphen, Delfine und Panther zu erkennen. Der sich anschließende Raum, das so genannte **triclinium**, diente als Speisesaal und ist mit schönen Marmorarbeiten verziert.

Der dritte und größte Innenhof schließlich hinterlässt auf den Besucher einen besonderen Eindruck: Die das Atrium umfassenden Säulenreihen erstrecken sich über zwei Stockwerke. Neben ionischen wurden hier auch korinthische Säulen wieder aufgestellt. In einigen der umliegenden Zimmer sind noch Reste von Mosaiken sowie der Marmortäfelung erhalten geblieben.

Außerhalb der Villa bedecken die **römischen Zentralthermen** ein etwas unübersichtliches Ausgrabungsfeld. Doch das Umherschlendern lohnt in jedem Fall, entdeckt man doch tönerne Reste alter Wasserleitungen und Spuren der so genannten Hypokaustenheizung, einer Art antiker Fußbodenheizung, die an ihren runden, übereinander gestapelten Ziegeln erkennbar ist.

Odós Grigoríou E.; Di–So 8–14.30 (Einlass bis 14.10 Uhr); Eintritt 3 €.
Das Gelände der Thermen ist kostenlos zugänglich, doch ab 14.30 Uhr bleibt das Tor geschlossen.

Defterdar-Moschee
····⋗ Umschlagkarte hinten, c 4
Die aus dem 18. Jh. stammende Moschee überragt den zentralen Platz der Stadt. Heute sind hier Geschäfte und Cafés untergebracht.
Platía Eleftherías

Dionysos-Tempel
····⋗ Umschlagkarte hinten, c 5/c 6
Nicht weit von der Casa Romana entfernt, blieben die spärlichen Reste eines Tempels und Altars für Dionysos erhalten, den Gott des Weines und der Feste.
Odós Grigoríou E.; frei zugänglich

Italienische Bauten
····⋗ Umschlagkarte hinten, c 4, d 3/d 4
Aus der italienischen Besatzungszeit Anfang des 20. Jh. sind mehrere Bauten erhalten, die in der Stadt kaum zu übersehende architektonische Akzente setzen. Neben der bereits erwähnten **Markthalle** und dem gegenüberliegenden **Archäologischen Museum** an der Platía Eleftherías, dem zentralen Platz der Stadt, sind noch weitere Gebäude bemerkenswert. Der von den Italienern errichtete **Gouverneurspalast** an der Platía Platánou, dessen pompöse Fassade dem Meer zugewandt ist, beherbergt noch heute Gericht und Behörden. Seinen Innenhof ziert eine hoch gewachsene Palme. Einen Blick wert sind auch die **Albergo Gelsomino** in der Odós Vassiléos Georgíou 1, wo heute die städtische Touristeninformation untergebracht ist, sowie das **Krankenhaus** in der Odós Ipokrátous, beide Ende der zwanziger Jahre erbaut.

Kastell 🕴🕴
····⋗ Umschlagkarte hinten, c 2/d 3
Am östlichen Hafenrand, wo sich wahrscheinlich schon in der Antike und in byzantinischer Zeit Festungsanlagen befanden, errichteten die Johanniter die bis heute erhalten gebliebene mächtige Festungsanlage. Sie benutzten dabei Material der Vorgängerbauten, aber auch Steine, Säulen und andere Elemente von antiken Gebäuden.

Das Kastell besteht aus zwei Verteidigungsringen, einer inneren, zuerst errichteten Burg aus dem 14. Jh. und einem weitaus mächtigeren Mauerring, der allein von außen sichtbar ist. Er wurde im 15. Jh., als die Gefahr durch das expandierende Osmanische Reich immer größer wurde und starke Kanonen neue Verteidigungsanlagen notwendig machten, in relativ kurzer Zeit errichtet. Auch wenn ein erster Angriff einer türkischen Seemacht abgeschlagen werden konnte, übernahmen die Türken

Die antiken Baumeister verstanden ihr Handwerk. Auch in den oberen Sitzreihen des Odéons, wo in der Antike Theater- und Musikaufführungen stattfanden, ist die Akustik noch hervorragend.

im Jahre 1523 doch die Herrschaft über die Insel und damit auch über das Kastell.

Der Eingang ist über eine Brücke zu erreichen, die an der Platane des Hippokrates (→ S. 38) beginnt. Bis ins 20. Jh. hinein überspannte sie einen schützenden Wassergraben, heute eine palmenbestandene Allee. Man kann die gesamte Anlage auf dem äußeren Wehrgang umrunden und durch Schießscharten oder von den mächtigen Bastionen aus immer wieder neue interessante Ausblicke auf die Stadt gewinnen.

Beim Durchstreifen des Burgterrains stößt man mehrfach auf Säulenfragmente und Reste mit Girlanden und Stierköpfen verzierter Altäre, zum Teil malerisch eingebettet und halb verdeckt von Gräsern und Blumen. Absperrungen haben auf dem Burgterrain jedoch Seltenheitswert, so dass man mit Kindern Vorsicht walten lassen sollte.

In den Sommermonaten finden innerhalb der Burgmauern bisweilen Theater- und Konzertaufführungen statt – aufgrund des wunderschönen Ambientes natürlich ein besonderes Erlebnis.

Am Mandráki-Hafen; Di–So 8.30–15 Uhr; Eintritt 3 €

Kirche Agía Paraskeví
·····▷ Umschlagkarte hinten, c 4

Oberhalb der Markthalle auf einer Terrasse gelegen, kann man in diesem Gotteshaus byzantinische Wandmalereien bewundern.

Platía Agiás Paraskevís

Loggia-Moschee
·····▷ Umschlagkarte hinten, d 3

Die 1786 errichtete Moschee trägt eigentlich – nach ihrem Erbauer – den Namen Hadji-Hassan-Moschee, erhielt jedoch aufgrund ihres Säulenganges den Namen Loggia-Moschee. Wie bei vielen anderen Gebäuden fanden auch bei ihrer Errichtung antike Baumaterialien Wiederverwendung, darunter Steine vom nahe gelegenen Asklepieion (→ S. 45).

Platía Platánou; Innenbesichtigung nicht möglich

Odéon ⇢ Umschlagkarte hinten, b 6

Dem westlichen Ausgrabungsgelände gegenüber liegt ein römisches Theater aus dem 2. Jh. Eine schöne Zypressenallee führt auf die 15 marmornen Sitzreihen zu, von denen einige noch im Originalzustand erhalten blieben. In den Gewölben des Odéons wurden zahlreiche Statuen entdeckt, darunter eine, die Hippokrates darstellen soll und die jetzt im Archäologischen Museum der Stadt ausgestellt wird. Manchmal kann man hier Musik- und Theatervorstellungen lauschen – fast wie die alten Römer.

Odós Grigoríou E.; die Ausgrabungsstätte ist jederzeit frei zugänglich.

Platane des Hippokrates
⇢ Umschlagkarte hinten, d 3

Der Legende nach saß in ihrem Schatten der berühmteste Sohn der Insel, der Arzt Hippokrates, und weihte seine Schüler in die Geheimnisse der Heilkunst ein. Und auch der Apostel Paulus soll bei seinem Aufenthalt auf Kos an dieser Stelle bereits das Evangelium gepredigt haben. Auch wenn ein damit verbundenes Alter von 2400 Jahren sicherlich übertrieben ist: Viele hundert Jahre – die Schätzungen reichen von 500 bis 2000 – dürfte der inzwischen hohle Baum schon alt sein. Ein kompliziertes Gerüst von Rohren und Trägern stützt die Platane mittlerweile, und auch ein hellenistischer Altar, mit Stierkopfmotiven verziert, trägt zu ihrer Standfestigkeit bei. Einen antiken Sarkophag unter dem Baum nutzten die Türken einst als Wasserbecken.

Platía Platánou; jederzeit frei zugänglich

Westliches Ausgrabungsgelände 👣👣
⇢ Umschlagkarte hinten, b 5/b 6

Hellenistische und römische Bauten aus dem 3. Jh. v. Chr. bis ins 2. Jh.

1 n. Chr. haben die Archäologen in diesem Teil der Stadt freigelegt. Das Gelände kann von mehreren Stellen aus betreten werden; der Rundgang beginnt aus nördlicher Richtung kommend von der Straße P. Tsaldári her.

Steht man vor dem Ausgrabungsfeld, geht man am besten links entlang und erreicht dann über die kleine Straße Ap. Pávlou eine Treppe. Von hier aus können Sie einen – leider sehr eingeschränkten – Blick auf das so genannte **Nymphäon** aus dem 3. Jh. v. Chr. werfen, das Besuchern nicht offensteht. Anfangs hielten es die Archäologen angesichts seiner prachtvollen Ausstattung für ein Nymphenheiligtum – in Wirklichkeit war es wohl eine Bade- und Toilettenanlage. Die Innenwände sind mit Marmor verkleidet, an drei Seiten umgibt ein Säulengang einen mosaikverzierten Innenhof, an der vierten Seite sind Wasserbecken zu finden.

Die imposante Reihe von 17 wieder errichteten dorischen Säulen markiert das einstige **Gymnasion**. Dieses war in hellenistischer Zeit nicht, wie der Name vermuten ließe, eine Schule, sondern eine Sportstätte für Athleten. Unser heutiges Wort Gymnastik erinnert an diesen Ursprung.

Gleich daneben erkennt man Gebäudereste späterer Zeit, öffentliche Badeanlagen der Römer, auf deren Ruinen eine frühchristliche Basilika erbaut wurde. An einigen Punkten lassen sich interessante Mosaikreste entdecken, die jedoch an vielen Stellen von schützendem Sand bedeckt wurden.

Zwischen Gymnasion und Nymphäon führt eine alte römische Straße gen Süden, sie trug den Namen **Via Cardo**. An einigen Stellen sind auf dem Pflaster noch die tief eingeschnittenen Wagenspuren zu erkennen. Fast rechtwinklig mündet die Via Cardo in eine weitere römische Straße, die **Via Decumana**, die parallel zur Odós Grigoríou E. liegt.

Folgt man der Straße bis zum Ende, so gelangt man linker Hand, am östlichen Ende der Ausgrabungsstätte, zu einer Reihe gut erhaltener Mosaike in einem römischen Haus. Sie zeigen unter anderem kämpfende Gladiatoren und einen Mann, der einen Eber erlegt. Einige Schritte weiter sind Reste römischer Thermen und Latrinen mit dem Mosaik eines Briefträgers zu sehen. Die dazugehörige Inschrift lautet: »Zwölf Stunden laufe ich.«

Nur wenige Meter entfernt gab ein Mosaik einer römischen Villa ihren Namen: **Haus der Europa**. Das Mosaik zeigt den Raub der phönizischen Königstochter Europa durch Göttervater Zeus in Gestalt eines Stieres. Der Sage nach begleiten sie ein Delfin und ein Eros mit einer Fackel in der Hand auf dem Weg nach Kreta.
Odós Grigoríou E.; die Ausgrabungsstätte ist jederzeit frei zugänglich.

MUSEUM
Archäologisches Museum
⇢ Umschlagkarte hinten, c 4
Das kleine Museum, untergebracht in einem futuristisch wirkenden italienischen Bau der Dreißigerjahre, präsentiert – von einigen Mosaiken abgesehen – fast ausschließlich Skulpturen aus hellenistischer und römischer Zeit. Für einen Besuch sollte man ungefähr eine halbe Stunde veranschlagen.

Geht man am Eingang geradeaus weiter, so steht man alsbald im Innenhof vor dem zentralen Ausstellungsstück, einem farbigen Mosaik aus römischer Zeit (2./3. Jh.), das in einer Wohnung gefunden wurde. Es zeigt die Ankunft des Asklepios, des Gottes der Heilkunst – an Stab und Schlange gut erkennbar –, auf Kos. Er wird von dem auf einem Stein sitzenden Hippokrates, dem berühmtesten Arzt der Insel, und einem weiteren Einwohner begrüßt.

Im Innenhof rings um das Mosaik verdienen einige Skulpturen besondere Aufmerksamkeit (die Zahlen in Klammern entsprechen der Nummerierung der Ausstellungstücke). Die **Skulpturengruppe** (94) in der westlichen Ecke zeigt den nackten Gott Dionysos, der, seinem »Ruf« entsprechend, in der Rechten einen leeren Weinbecher hält und sich auf einen ebenfalls unbekleideten Satyr, Symbol der sexuellen Lust, stützt. Seine

Statuen der Jagdgöttin Artemis und des Weingottes Dionysos im Archäologischen Museum.

Linke umfasst einen Rebstock, den eine kleine Figur des Hirtengottes Pan mit Flöte und Hörnern ziert. Zu ihren Füßen spielt ein kleiner Eros, Symbol der Erotik, mit einem Panther. Gleich daneben ist die **Statue** (95) einer selbstbewusst wirkenden jungen Frau aus der Zeit des Kaisers Trajan (2. Jh.) zu sehen.

Die nordwestliche Ecke wird von einer Statue (97) der **Göttin Artemis** eingenommen, die gerade im Begriff ist, ihren Bogen zu spannen. Begleitet wird sie von ihrem Jagdhund. Die Göttin der Gesundheit (98), **Hygieia**, auf die das Wort Hygiene berechtigterweise hindeutet, steht im Zentrum der nördlichen Wand. In ihren Händen hält sie eine Schlange, der sie ein Ei anbietet, zu ihren Füßen liegt Eros, der Gott der Liebe. Die Statue des **Asklepios** (101) blieb nur ohne Kopf erhalten, doch die Insignien des Stabes mit der Schlange geben einen untrüglichen Hinweis auf die dargestellte Person. Ihm zu Füßen ein kleiner Dämon mit dem Namen Telesphoros.

Der östliche Saal birgt Statuen aus der römischen Epoche. An der Seite eines Lammes der Götterbote **Hermes** (91), bekleidet mit Hut und Sandalen. Ein gefesselter, an den Armen aufgehängter Mann (77) stellt den Satyr **Marsyas** dar; das Ausstellungsstück war einst Teil eines Tisches. Zwei Statuen (79, 81) zeigen die vielbrüstige Göttin Artemis, auch wenn mittlerweile allgemein davon ausgegangen wird, dass es sich bei den »Brüsten« um umgehängte Stierhoden handelt, was auf einen alten kultischen Brauch zurückgeht.

Der nördliche Saal birgt Funde aus römischer und hellenistischer Zeit gleichermaßen, darunter Darstellungen von **Tyche** (56), der römischen Göttin des Glücks aus der zweiten Hälfte des 1. Jh. v. Chr., der **Demeter**, Göttin der Fruchtbarkeit (45), und einer **Kore**, eine Mädchengestalt (44). Eine kleine Statue zeigt die ein wenig bedrohlich wirkende Göttin **Athena**, die Stadtgöttin von Athen (65). Kurz vor dem nächsten Saal verdient noch die kopflose Statue der Liebesgöttin **Aphrodite** (38) mit Eros, dem Gott der Liebe, Beachtung.

Die Statuen des westlichen Saales stammen vornehmlich aus der hellenistischen Periode. Die Statue am Kopf des Saales stellt vermutlich den in ein Falten werfendes Gewand gehüllten **Hippokrates** (32) dar. Der Grabstein eines **Athleten** (5) zeigt diesen als muskulösen Mann mit einem Siegerkranz in den Händen.

Platía Eleftherías; Di–So 8.30–15 Uhr; Eintritt 3 €

ESSEN UND TRINKEN

Anatolía Hamám

·····> Umschlagkarte hinten, b 5

Stilvoll speisen können Sie in diesem ehemaligen türkischen Bau aus dem 16. Jh. Sei es in den orientalisch anmutenden Innenräumen oder auf der luftigen Gartenterrasse: Eine gute Weinauswahl und eine abwechslungsreiche Karte erwarten Sie. Dafür müssen Sie allerdings auch etwas tiefer in die Tasche greifen.

Platía Diagóras; Tel. 2 24 20/2 83 23; tgl. ab 10 Uhr geöffnet ●●●● ◻

Café Plátano

·····> Umschlagkarte hinten, d 3/d 4

Mit Blick auf Agorá und die Platane des Hippokrates ergibt sich – bei dezenter klassischer Musik im Hintergrund – eine ganz besonders entspannte Atmosphäre, vor allem am Nachmittag, wenn der Strom der Touristen etwas nachgelassen hat. Die eindrucksvolle Aussicht schlägt sich leider in überhöhten Preisen nieder.

Platía Plátanou; tgl. ab 8 Uhr morgens geöffnet ●●● ◻

Pétrino

·····> Umschlagkarte hinten, b 5

Das Essen wird in einer schönen Gartenanlage serviert, die Speisekarte ist abwechslungsreich, doch kann die Qualität der Speisen leider nicht mit

Das »typisch griechische« Postkartenmotiv findet man allerorten – dieses malerische Tischchen steht in Kos-Stadt.

dem sehr schönen Ambiente mithalten. Außergewöhnlich ist jedoch das vielfältige Salatangebot.
Platía Ioánnou Theológou; Tel. 2 24 20/ 2 72 51; tgl. ab 18 Uhr ●●● ⌧

Café Aenaos
╌╌> Umschlagkarte hinten, c 4
Unter schattigen Bäumen an der Defterdar-Moschee treffen sich Touristen und einheimische Jugend gleichermaßen. Ein guter Platz zum Sehen und Gesehenwerden.
Gegenüber der Markthalle an der Platía Eleftherías; tgl. ab 8 Uhr morgens geöffnet ●● ⌧

Kochíli ╌╌> Umschlagkarte hinten, a 3
Die Taverne und »Ouzerí« bietet gute griechische Küche, auch leckere Vorspeisen und Fischgerichte.
Odós Alikarnassou/Amerikis; Tel. 2 24 20/2 50 00; tgl. ab 18 Uhr ●● ⌧

Olympiáda
╌╌> Umschlagkarte hinten, c 5
Traditionelle griechische Küche erwartet den Gast in diesem eher einfachen Restaurant in der Nähe des Busbahnhofs.
Odós Kleopátras 2; Tel. 2 24 20/2 30 31; tgl. ab 12 Uhr ●● ⌧

Psaropoúla
╌╌> Umschlagkarte hinten, b 2
In dieser einfachen, aber sehr guten Taverne nordwestlich des Hafens sollte man keine vornehme Atmosphäre erwarten, doch das Essen übertrifft so manch schickes Lokal. Viele Fischgerichte werden hier aufgetischt, von Tintenfisch über Schwertfisch bis hin zu Muscheln, anderen Meeresfrüchten und einer köstlichen Fischsuppe. Probieren sollte man die »fava«, ein mit Öl und Zwiebeln gewürztes, leckeres Erbsenpüree.
Odós Averóf 17; tgl. ab mittags geöffnet ●● ⌧

Kalí Kardiá
╌╌> Umschlagkarte hinten, c 4
Unter den Arkaden der Markthalle gibt es deftig Gegrilltes in einfachem Ambiente.
Platía Eleftherías; Tel. 2 24 20/2 47 80; tgl. ab 9 Uhr ● ⌧

Die Markthalle von Kos-Stadt lockt werktags mit einer bunten Vielfalt an Obst und Gemüse.

Einkaufen

Die Altstadtgassen oberhalb des Hafens, die über weite Strecken als Fußgängerzone angelegt sind, bieten eine bunte Mischung aus Läden, Schmuckgeschäften, Boutiquen und Souvenirshops aller Art. Hübsche Cafés auf den Plätzen und am Straßenrand laden zu einer Verschnaufpause ein. Auch in der El. Venizélou und den umliegenden Straßen wird man beim Einkaufen sicherlich fündig werden. Souvenirläden haben auch am Sonntag geöffnet.

Denis ····> Umschlagkarte hinten, c 4
Gleich neben der Markthalle lassen die Vitrinen mit köstlichem Kuchen, Plätzchen und Süßigkeiten manchen im Vorübergehen schwach werden.
Odós Vas. Pávlou 9

Foreign Press
····> Umschlagkarte hinten, c 4
Nur wenige Schritte vom Hafen entfernt kann man sich mit deutschsprachigen und internationalen Tageszeitungen und Zeitschriften versorgen.
Odós Vas. Pávlou 2

Hayati ····> Umschlagkarte hinten, d 3
Im Durchgang neben der Platane des Hippokrates findet man Kunsthandwerk aus Kos und ganz Griechenland, darunter auch schönen Schmuck und kunstvoll gearbeitete Wandteller.
Platía Ipokrátous

Kem ····> Umschlagkarte hinten, c 5
Sehr edle Lederartikel, vor allem modische Handtaschen in allen Variationen sowie schicke Gürtel. Auch die Preise stimmen.
Platía Konitsis

Keosoglou
····> Umschlagkarte hinten, c 4
Sie haben einige Regentage erwischt? Zwei auf Regenschirme spezialisierte Geschäfte bieten eine ungewöhnlich große und auch preiswerte Auswahl in verschiedensten Größen und Farben.
Odós Ipsilantou

Klelia ····> Umschlagkarte hinten, c 5
Die Parfümerie/Drogerie wartet mit einem breiten Repertoire an Duftwässerchen und Toilettenartikeln auf.
Platía Konitsis

Markthalle
····> Umschlagkarte hinten, c 4
Neben einem bunten Angebot an frischem Obst und Gemüse stehen die von Urlaubern geschätzten Mitbringsel im Vordergrund: eingelegtes Obst und Gemüse, Schwämme und Getränke, duftende Kräuter für die Bereicherung der Küche daheim. In der Mitte plätschert ein kleiner Brunnen. Der Bau selbst stammt aus den dreißiger Jahren und wurde von den Italienern errichtet.
Platía Eleftherías; Mo–Fr 7–21, Sa 7–17, So 10–14 Uhr

Thalassinós
····> Umschlagkarte hinten, b 4
Die größte Buchhandlung der Stadt ähnelt eher einem großen Schreibwarenladen, die Auswahl an fremd-

Kos-Stadt

sprachigen Büchern ist bescheiden – aber konkurrenzlos.
Odós Tsaldári/Odós 31. Martíou

Venus ----> Umschlagkarte hinten, c 5
Hier gibt es handgearbeiteten Silberschmuck in geschmackvollem Design.
Iféstou 17

AM ABEND
Unmittelbar an der antiken Agorá treffen sich die Nachtschwärmer – vorwiegend junges Publikum – in den zahlreichen Bars der Straßen Navklírou, Diákou und P. Pléssa.

Blues Brothers
----> Umschlagkarte hinten, b 3
Lautstarke Musik zum Abtanzen bis in den frühen Morgen.
Dolphin Square

Disco Heaven/Disco Kalua
----> Umschlagkarte hinten, nördl. b 1
Vor allem junge und sehr junge Leute treffen sich in den beiden großen benachbarten Freiluft-Discos am Ende des westlichen Stadtstrandes. Während der Hauptreisezeit geht hier die Post ab.
Odós Zouroúdi 5 und 7; tgl. 18–3 Uhr

MERIAN-Tipp
5 Juwelier Gatzákis

Bei Ulrike und Theodor Gatzákis, einem deutsch-griechischen Ehepaar, findet man edlen Goldschmuck in eher klassischem Design, wie man es heute so häufig in Griechenland zu kaufen bekommt. Das hat selbstverständlich seinen Preis, auch wenn dieser im Vergleich mit gleichwertigem Schmuck zu Hause sehr viel niedriger liegt. Die sehenswerten Bilder und Skulpturen im Geschäft hat übrigens Herr Gatzákis selbst entworfen und geschaffen.

Ach. Pasanikoláki 1 und 6
----> Umschlagkarte, c 4

Jazz Opera
----> Umschlagkarte hinten, e 5
Auch für ein etwas älteres Publikum geeignet. Hier ertönen Jazz-, Rock- und Blusklänge, aber auch Soul- und Reggaemusik.
Odós Arseniou 5; tgl. ab 18 Uhr

Orpheus
----> Umschlagkarte hinten, östl. f 5
Den Duft von Blumen in der Nase und den funkelnden Sternenhimmel vor Augen, stellt ein Besuch des Open-Air-Kinos ein Urlaubserlebnis der besonderen Art dar. Meistens werden im Orpheus englischsprachige Filme in Originalfassung mit Untertiteln gezeigt.
Odós Vasileos Georgiou 10 (am östlichen Stadtrand)

SERVICE
Auskunft
Städtisches Fremdenverkehrsbüro
----> Umschlagkarte hinten, e 4
Informationen über Unterkünfte, Ausflüge und Fahrpläne, kostenlose Stadtpläne.
Odós Vasileos Georgiou 1;
Tel. 2 24 20/2 44 60, Fax 2 24 20/2 11 11;
E-Mail: Kosinfo@hol.gr; tgl. 8–21 Uhr

E.O.T. ----> Umschlagkarte hinten, e 4
Nationale griechische Touristenorganisation; für Auskünfte, die über die Insel hinausgehen.
Aktí Miaoúli; Tel. 2 24 20/2 92 00,
Fax 2 92 01

Touristenpolizei
----> Umschlagkarte hinten, e 4
Aktí Miaoúli 2; Tel. 2 24 20/2 66 66 und 2 24 20/2 82 77

Banken
Agricultural Bank
----> Umschlagkarte hinten, e 4/e 5
Odós Koraí 1

National Bank of Greece
----> Umschlagkarte hinten, c 4
R. Feréou und A. Ioanidi

Busse

Die Endhaltestelle und das Hauptbüro der städtischen Busgesellschaft (DEAS) liegen direkt am Hafen. Im **Kos City Bus-Büro** erhält man kostenlose Fahrpläne der vier städtischen Buslinien. Eine Buslinie verbindet die südöstlichen Strandgebiete bis **Ágios Fokás** mit dem Zentrum (6.45 bis 24 Uhr), tagsüber verkehren die Busse sogar fast stündlich bis zu den **Embrós-Thermen**.

Eine zweite Buslinie verbindet das Zentrum mit dem **Lámbi-Strand** im Nordwesten. Eine dritte Linie fährt nach **Platáni**, bis in den Nachmittag hinein wird die Fahrt bis zum **Asklepieion** fortgeführt. Die vierte Linie verbindet die südlichen Vororte mit der Innenstadt.

Die Haltestelle der **Überlandbusse** (KTEL) liegt nur wenige Minuten vom Hafen entfernt in der Odós Kleopátras 7. Auch hier kann man kostenlose Fahrpläne erhalten, Fahrkarten gibt es wie immer beim Fahrer oder im Bus-Büro. Acht Buslinien verbinden alle Dörfer mit Kos-Stadt. Vor allem während der Hauptreisezeit muss man häufig mit Stehplätzen vorlieb nehmen.

Im Sommer werden von der Hafenpromenade aus alle halbe Stunde 20-minütige Fahrten mit einer elektrischen Kleinbahn 👫 durch Kos-Stadt organisiert.

Medizinische Versorgung
····> Umschlagkarte hinten, d 4
Krankenhaus
Odós Ipokrátous; Tel. 2 24 20/2 23 00

Schiffsverbindungen

Auf dem Programm der zahlreichen **Ausflugsboote** am Hafen stehen Tagesausflüge zu den Nachbarinseln. Angesteuert werden vor allem die umliegenden Inseln Níssyros, Kálymnos, Psérimos, Pláti, Rhodos, Léros, Pátmos sowie Bodrum auf dem türkischen Festland. Fahrkarten erhält man direkt bei den Booten oder in einem der zahlreichen Reisebüros in Hafennähe. In der Hauptsaison ist es aufgrund des Andrangs ratsam, schon am Abend vorher zu buchen.

Gemächlicher und preisgünstiger bereist man mit den großen Personen- und **Autofähren** die griechische Inselwelt und natürlich auch das griechische Festland. Informationen erteilen die Generalagenturen der beiden großen Linien:

DANE Sea Line
····> Umschlagkarte hinten, c 4
Reisebüro Koulias
Odós R. Feréou 11; Tel. 2 24 20/2 73 11

G & A Ferries
····> Umschlagkarte hinten, b 3/c 3
Aktí Koundourióti 5; Tel. 2 24 20/2 85 45

Die Fähren legen im Tiefwasserhafen am Hafenkastell an. Schnelle Verbindungen zu den Nachbarinseln gewähren die **Tragflächenboote** (Hydrofoils); sie legen an der Mole vor dem Fremdenverkehrsamt an.

Taxis
Im Zentrum der Stadt findet man überall leicht Taxis, vor allem in der Nähe des Mandráki-Hafens.
Tel. 2 24 20/2 27 77 und 2 24 20/2 33 33

Telefon
OTE ····> Umschlagkarte hinten, d 5
Odós L. Víronos 6; Tel. 2 24 20/2 24 99

Ziele in der Umgebung

Ágios Fokás ····> S. 121, E 11

Der Strandabschnitt 10 km südöstlich von Kos-Stadt ist aufgrund seiner Entfernung zum Zentrum weniger überlaufen und erlaubt einen Blick auf die nicht weit entfernte türkische Küste. Die auch bei Einheimischen beliebte Taverne Esperides lädt mit schöner Terrasse und eigenem Strand zum Verweilen ein.

Kos-Stadt – Asklepieion

HOTELS/ANDERE UNTERKÜNFTE
Dímitra Beach
Abseits des Trubels der lebhaften Inselhauptstadt erstreckt sich die Ferienanlage oberhalb eines schön gelegenen Strandes. Die heißen Embrós-Thermen (→ S. 48) liegen nur 4 km entfernt. Zur Anlage gehören darüberhinaus zwei Swimmingpools und ein Tennisplatz.
**Tel. 2 24 20/2 85 81, Fax 2 84 95;
E-Mail: dimhotel@otenet.gr; 151 Zimmer**
●●●● CREDIT

Asklepieion ⋯⋯> S. 120, C 10
Nur 4 km außerhalb von Kos-Stadt stößt man auf die bedeutendste Sehenswürdigkeit der Insel, das Asklepieion. Terrassenförmig an den Ausläufern des Díkeos-Gebirges angelegt, vermag die Anlage nicht nur historisch und kulturell Interessierte zu faszinieren. Schon allein die fast magische Atmosphäre der von einem Kiefernwald umgebenen Steinlandschaft und ein ohne Über-

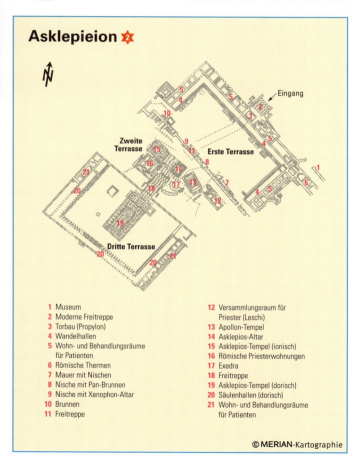

1 Museum
2 Moderne Freitreppe
3 Torbau (Propylon)
4 Wandelhallen
5 Wohn- und Behandlungsräume für Patienten
6 Römische Thermen
7 Mauer mit Nischen
8 Nische mit Pan-Brunnen
9 Nische mit Xenophon-Altar
10 Brunnen
11 Freitreppe
12 Versammlungsraum für Priester (Leschi)
13 Apollon-Tempel
14 Asklepios-Altar
15 Asklepios-Tempel (ionisch)
16 Römische Priesterwohnungen
17 Exedra
18 Freitreppe
19 Asklepios-Tempel (dorisch)
20 Säulenhallen (dorisch)
21 Wohn- und Behandlungsräume für Patienten

© MERIAN-Kartographie

Unter den Bögen der Mauer, die die erste Terrasse des Asklepieions nach Süden hin begrenzt und die nächste Plattform stützt, waren einst Götterstatuen aufgestellt. Zwei der heute kopflosen Skulpturen lehnen neben einer Arkadennische an der Wand.

treibung herrlicher Ausblick auf Küstenebene, vorgelagerte Inseln und das türkische Festland lohnen den Besuch.

Von den über 300 Asklepios-Heiligtümern in Griechenland zählt das koische zu den bedeutendsten. Wie im Namen zum Ausdruck gebracht, wurde hier der Gott der Heilkunst, Asklepios, von den Römern später Äskulap genannt, verehrt. Er löste in Griechenland den vorangegangenen Apollonkult ab.

Doch Kulthandlungen wie das Schlachten von Opfertieren, um die Götter gnädig zu stimmen, waren nicht mehr die einzige Methode, um Kranke zu heilen. Mehr und mehr traten in der Antike neben die Akzeptanz eines göttlichen Ursprungs von Krankheiten die empirische Beobachtung und die daraus resultierende praktische Heilkunst.

Untrennbar mit dieser Entwicklung verbunden ist der auf Kos geborene Arzt Hippokrates, dessen medizinische Heilkünste, wie zum Beispiel die »Säftelehre«, in Teilbereichen bis ins Mittelalter hinein Bestand hatten. In modernen Worten ausgedrückt, war das Asklepieion so etwas wie eine Kurklinik, in die Kranke von weit her anreisten, um von den hier wirkenden Ärzten Heilung oder zumindest Linderung ihrer Leiden zu erlangen.

Die ältesten heute erhaltenen Reste des Asklepieions stammen aus dem 4. Jh. v. Chr., vermutlich an der Stelle eines älteren Apolloheiligtums errichtet. In den folgenden Jahrhunderten wurden zahlreiche Veränderungen und Erweiterungen vorgenommen, so dass die heute sichtbaren Ruinen zum Teil aus hellenistischer, zum Teil aus römischer Zeit stammen. Ein schweres Erdbeben im Jahre 554 vernichtete die Anlage, in der Folgezeit wurde das Asklepieion immer wieder als Steinbruch genutzt – seine Steine finden sich im Hafenkastell von Kos-Stadt ebenso wieder wie in Wohnhäusern und Moscheen. Erst

Asklepieion

Anfang des 20. Jh. wurde das Asklepieion vom deutschen Archäologen Rudolf Herzog wieder entdeckt, nachdem es lange Zeit in Vergessenheit geraten war.

Italienische Archäologen setzten seine Arbeit in den dreißiger Jahren fort und restaurierten Teile der Anlage.

Bereits am Eingang hat man das gesamte Areal mit seinen drei Terrassen vor Augen. Die Terrassen sind durch repräsentative Treppen, die von den italienischen Archäologen rekonstruiert wurden, miteinander verbunden.

Eine Steintreppe führt hinauf zur ersten Terrasse, deren Ausmaße 100 x 80 m betragen. Der große Torbau aus dem 3. Jh. v. Chr., das sogenannte Propylon, blieb nur in Fundamentresten erhalten, verdeutlicht jedoch anschaulich die Dimensionen des Baus. Auf drei Seiten war diese Terrasse einst von einer durch Säulen begrenzten Wandelhalle umgeben, nur noch Fundamentreste zeugen heute von dieser monumentalen Architektur. Die dahinter liegenden Zimmer dienten vermutlich Patienten als Wohn- und Behandlungsräume.

Linker Hand der Treppe in südöstlicher Richtung begrenzen »moderne« Gebäudeteile die Terrasse, Reste einer **römischen Badeanlage** aus dem 3. Jh. n. Chr. In einem dieser neueren Gebäude oberhalb davon sind Inschriften und Grabplatten ausgestellt, die in der Umgebung gefunden wurden. Mehrere Nischen sind in die Stützmauer der zweiten Terrasse eingelassen, sie waren wohl Platz für Götterstatuen, von denen heute noch zwei kopflose Exemplare an der Wand lehnen. Gleich links der Treppe füllt eine malerische **Brunnenanlage**, verziert mit einer kleinen Figur des Gottes Pan, eine Nische aus. Bereits in hellenistischer Zeit diente das mineralstoffhaltige Wasser aus den Bergen der Behandlung von Krankheiten – mittels Trink- und Badekuren. Rechts von der Treppe blieben in der Nische Reste eines **Altars** erhalten, dessen Inschriften auf seinen Stifter hinweisen, den berühmten koischen Arzt Xenophon, seines Zeichens Leibarzt des römischen Kaisers Claudius.

Breite Stufen führen zur **zweiten Terrasse**, einst religiöses Zentrum der Anlage. Zwei wieder aufgestellte Säulen markieren rechter Hand den **Asklepios-Tempel** aus dem 3. Jh. v. Chr. Noch heute kann man anhand der Grundmauern seine Zweiteilung in Vorraum (Pronaos) und Hauptraum (Cella) erkennen; hier befand sich auch die von einer Granitplatte bedeckte Schatzkammer des Heiligtums. An den Tempel schließen sich **Priesterwohnungen** aus römischer Zeit an. Am Asklepios-Altar, heute von Seilen begrenzt, wurden Tieropfer dargebracht.

Sieben wieder errichtete Säulen markieren die Reste eines **Apollon-Tempels** aus dem 2./3. Jh. Ein **Versammlungsraum** für Priester schließt sich in östlicher Richtung an. Südwestlich des Apollon-Tempels liegt eine halbkreisförmige **Exedra**, eine Wandnische mit Sitzbank, in der früher Statuen aufgestellt waren.

Die mit 60 Stufen längste Treppe führt auf die dritte Terrasse (80 mal 60 m), von der aus man den besten Blick auf die Küste, die Inseln Psérimos und Kálymnos und das türkische Festland hat. Auch sie war einmal auf drei Seiten von einer Säulenhalle mit dahinter liegenden Zimmern begrenzt, die vermutlich als Behandlungsräume dienten. Zentrum dieser Ebene bildet der mächtige **Asklepios-Tempel** aus dem 2. Jh. v. Chr., der eine Grundfläche von 33 x 18 m bedeckt. Im Mittelalter wurde innerhalb dieses Tempels eine Kirche errichtet, wovon nur noch ein kleiner Altar zeugt, in den die vier Buchstaben IC XC eingemeißelt sind, das Kürzel für Jesus Christus.

Ein Pfad führt von der dritten Terrasse aus in den einst »heiligen Wald«, dessen dem Gott Apollon geweihte Zypressenbäume auf keinen Fall abgeholzt werden durften. Übrigens: Im Asklepieion wurde – ähnlich wie bei unserem modernen Kirchenasyl – bereits damals politisch Verfolgten Unterschlupf gewährt.

Alljährlich im August wird im Asklepieion im Rahmen des Festivals »Hippokratia« die Deklamation des hippokratischen Eids wirkungsvoll in Szene gesetzt.

Di–So 8–14.30 Uhr (letzter Einlass 30 Min. vor Schließung); von 8–14 Uhr verkehren stündlich Busse zwischen Kos-Stadt und dem Asklepieion. Die Ausgrabungsstätte ist aber auch bequem mit dem Fahrrad und zu Fuß erreichbar; Eintritt 4 €

Embrós-Thermen
⟶ S. 121, D 11

Die einzige erschlossene Thermalquelle der Insel, ca. 13 km von Kos-Stadt entfernt, ist auf jeden Fall einen Ausflug wert, auch wenn sie nur ein äußerst schlichtes Provisorium einer Therme darstellt. Man erreicht sie bequem mit dem Bus, Sportliche können auch mit einem Mountainbike hierher fahren – die Steigungen sollten allerdings nicht unterschätzt werden. Oberhalb der Quelle befindet sich ein Parkplatz, ein an einigen Stellen ziemlich steiler Pfad führt in zehn Minuten hinunter.

An einem kleinen Kiesstrand unterhalb einer Felswand sprudelt knapp 50° Celsius heißes Wasser aus dem Felsen, das ins Meer geleitet wird und sich dort in einem von Steinen abgetrennten »Becken« von knapp 10 m Durchmesser mit dem Meerwasser vermischt. Vor allem in der Hauptsaison ist in diesem Plantschbecken kaum ein Plätzchen zu bekommen, es sei denn, man kommt früh am Morgen oder spät am Abend her. Das Wasser wird auf 30 bis 40° Celsius aufgeheizt, je nachdem wie nahe man sich an den Zufluss legt. Laut einer Wasseranalyse der Technischen Universität München eignet sich das Wasser der Therme zur Behandlung von Augen-, Haut-, Atemwegs-, Gefäß- und Muskelerkrankungen sowie bei Entwicklungsstörungen im Kindesalter. Das intensiv nach Schwefel riechende Wasser wird vor allem von Griechen ausgiebig zur Kurbehandlung genutzt, mit Hilfe der EU soll eines Tages in der Nähe ein modernes Kurbad entstehen. **Embrós Thermai** bedeutet übrigens »vordere Thermalquellen« – die »hinteren« (**Píso Thermai**) können jedoch nur mit dem Boot

Das Heilwasser der Embrós-Thermen soll zur Linderung von Atemwegs-, Gefäß- und Muskelerkrankungen beitragen.

Asklepieion – Lámbi

Von der dritten Terrasse aus genießt man einen eindrucksvollen Blick auf die Reste des Asklepios-Tempels, wo sich einst die Schatzkammer des Heiligtums befand.

erreicht werden und bieten keinen Badebetrieb.

In der wenige Meter entfernten Taverne, in den zwanziger Jahren ein Badehaus, wird frisch gefangener Fisch aufgetischt. An einem kleinen Strandabschnitt neben der Therme werden in der Hauptsaison einige Liegestühle und Sonnenschirme vermietet, eine weitere Kies-Badebucht befindet sich in unmittelbarer Nähe in westlicher Richtung.

Tagsüber fahren Stadtbusse bis zu den Thermen. Eigene Fahrzeuge sollte man möglichst auf dem oberhalb der Thermen gelegenen Parkplatz stehen lassen.

13 km von Kos-Stadt

Lámbi ----> S. 120, C 9

Der Hauptbadestrand nordwestlich der Stadt, der im Sommer stark frequentiert wird, umfasst viele Kilometer Sandstrand. Je weiter nördlich man Richtung Kap Skandári kommt, desto weniger Andrang herrscht. Eine Besonderheit für Griechenland ist der Fahrradweg entlang der Küste.

HOTELS/ANDERE UNTERKÜNFTE
Aeolos Beach
Etwas abseits in ländlicher Gegend, doch die Haltestelle des Linienbusses nach Kos-Stadt liegt fast vor der Haustür. Direkt an einen Sand-/Kies-

MERIAN-Tipp
6 Restaurant Arap

Eine der drei Tavernen am Dorfplatz von Platáni, in denen der Einfluss türkischer Esskultur zu spüren ist. Zu empfehlen ist auf jeden Fall die Vorspeisenplatte, eine köstliche Zusammenstellung aus unterschiedlich gewürzten kalten und warmen Happen, serviert mit heißem Fladenbrot. Warten Sie erst einmal mit der Bestellung eines Hauptgerichts – für so manchen sind die Portionen des ersten Gangs schon völlig ausreichend.

Tgl. ab 10 Uhr ----> S. 120, C 10

Der moslemische Friedhof in Platáni erinnert mit seinen turbangekrönten Grabstelen an die Herrschaft der Osmanen.

strand grenzend. Das Hotel verfügt über zwei Restaurants, einen schönen Süßwasser-Swimmingpool, Tennisplätze, ein Solarium sowie einen Schönheitssalon.
5 km außerhalb von Kos-Stadt; Tel. 2 24 20/2 67 81, Fax 2 67 80; www.aeolosbeach.com; 182 Zimmer ●● MASTER VISA

Apollon
Die Anlage liegt nur 300 m von einem Sandstrand entfernt, doch ist auch ein schöner Swimmingpool vorhanden. Darüber hinaus Gelegenheit für vielfältige Wassersportmöglichkeiten.
2 km außerhalb von Kos-Stadt (Linienbus); Tel. 2 24 20/2 73 31; 125 Zimmer ●● MASTER VISA

Atlantis I
Ein Sand-/Kiesstrand liegt in unmittelbarer Nähe, in der Gartenanlage erwarten den Gast darüber hinaus ein Süßwasser-Swimmingpool und ein Kinderbecken. Zahlreiche Wassersportmöglichkeiten werden angeboten, auch ein Tennis-Hartplatz ist vorhanden.
2 km außerhalb von Kos-Stadt (Linienbus); Tel. 2 24 20/2 87 31, Fax 2 38 44; 200 Zimmer ●● MASTER VISA

Platáni ····⟩ S. 120, C 10

Der kleine Ort westlich von Kos ist fast mit der Stadt zusammengewachsen. Die Schatten spendenden Platanen an der »Platía« mit ihren zahlreichen Tavernen gaben dem Dorf einst seinen Namen. Wie die Namen vieler Lokale (Arap, Serif, Alis) deutlich machen, wohnen hier noch türkischstämmige Bewohner. Sie sind moslemischen Glaubens, neben einer orthodoxen Kirche ist deshalb auch eine schlichte Dorfmoschee vorhanden, in der freitags ein Gottesdienst abgehalten wird.

An der Dorfeinfahrt links lohnt der moslemische Friedhof mit Hunderten von verzierten, als frei stehende Pfeiler errichteten Grabsteinen

einen Besuch. Vor allem die älteren, zum Teil vom Zahn der Zeit deutlich gekennzeichneten Grabsteine mit ihren arabischen Inschriften wirken wie kleine Kunstwerke. Wenige Meter davor befindet sich ein alter jüdischer Friedhof, durch den Davidsstern am Tor erkennbar, der an eine andere koische Minderheit erinnert. Die jüdische Bevölkerung der Insel wurde 1944 von den Deutschen verschleppt und ermordet. Der jüdische Friedhof ist verschlossen und nur von außen einsehbar.

Essen und Trinken
Mehrere Tavernen und Cafés, die zum müßigen Verweilen und Beobachten einladen, verteilen sich rund um den geschäftigen Dorfplatz.

Service
Busse
Täglich zwischen 8 und 23 Uhr besteht eine stündliche Busverbindung mit Kos-Stadt.

Psalídi ···> S. 121, E 10

Der Name steht für den Inselosten, genauer gesagt von Kos-Stadt bis zum Kap Psalídi, eine Region, in der sich Hotel an Hotel reiht. Beschauliche Ruhe sollte man hier also in den Sommermonaten nicht erwarten, da die schmalen Kiesstrände dann meist recht voll sind. Eine gute Busverbindung mit Kos-Stadt ist gewährleistet, selbst ein Radweg – für Griechenland etwas ganz Besonderes – wurde für Urlauber angelegt.

Hotels/Andere Unterkünfte
Kipriótis Village
Neue, luxuriös gestaltete Bungalowanlage am Meer mit angenehmem Ambiente. Das Hotel besticht durch seine perfekte Infrastruktur (Restaurants, Taverne, Bars, Disco, Supermarkt, Souvenir-Shop, Juwelier, Schönheitssalon) und durch sein herausragendes Sportprogramm: Tennis, Volley- und Basketball, Fitness-Center, Saunen, Solarien und Massagen stehen zur Auswahl. Alle Wassersportarten natürlich auch. Für Kinder gibt es ein separates Kinderbecken, Spielplatz und Animation für Kinder ab fünf Jahren.
4 km außerhalb von Kos-Stadt (Linienbusverbindung);
Tel. 2 24 20/2 76 40-9, Fax 2 35 90; www.kipriotis.gr; 626 Zimmer ●●●●
DINERS MASTER VISA

Oceanis Beach
Das Hotel liegt an einem Sand-/Kiesstrand. Der Badespaß wird durch je einen Meerwasser- und Süßwasserswimmingpool erhöht. Zahlreiche Wassersportmöglichkeiten werden angeboten; Tennisbegeisterte finden aber auch zwei Hartplätze. Die modern ausgestatteten, komfortablen Zimmer sind auf mehrere Gebäude verteilt.
7 km außerhalb von Kos-Stadt (Linienbusverbindung); Tel. 2 24 20/2 46 41, Fax 2 37 28; www.oceanis-hotel.gr; 350 Zimmer ●●

Ramira Beach
Die hübsche Hotelanlage wartet mit einem gepflegten Kiesstrand direkt vor der Haustüre auf. Badegäste können aber auch auf den hoteleigenen Meerwasser-Swimmingpool zurückgreifen. Die komfortablen Zimmer sind auch hier auf mehrere Gebäudetrakte verteilt.
5 km außerhalb von Kos-Stadt (Linienbus); Tel. 2 24 20/2 28 91, Fax 2 84 89; www.mitsis-ramirabeach.com; 283 Zimmer ●●

Essen und Trinken
Mavromatis
Etwas mehr als 2 km vom Stadtzentrum entfernt, lassen sich in den direkt am Wasser gelegenen Tavernen die exzellenten Fischgerichte genießen.
Odós Georgíou Papandréou;
Tel. 2 24 20/2 24 33 ●●

Die Nordküste

Endlos lange Sandstrände machen die Nordküste zum Paradies für Badegäste und Wassersportler.

Von Marmári aus sind sogar Ausflüge auf dem Rücken eines Pferdes möglich.

Ideale Bedingungen für Wassersportler locken jährlich viele Urlaubsgäste in diesen Teil der Insel. Die drei Dörfer im Norden der Insel, **Tigáki**, **Marmári** und **Mastichári** haben alle lange Sandstrände. Sie sind fast ausschließlich moderne Kunstgebilde, deren Dorfbild der Nachfrage durch den Tourismus entspricht. Pensionen, Hotels und Ferienanlagen, Tavernen, Geschäfte und Cafés prägen das Bild. Lieblingsziel vieler deutscher Pauschalurlauber ist der Ort Marmári. Das Angebot reicht hier von der kleinen, familiären Pension mit Familienanschluss bis hin zum modernen »All-inclusive«-Club mit aufwendiger Animation fast rund um die Uhr. Nur in der Gegend von Mastichári weisen einige wänige antike Reste aus dem 5. Jh. darauf hin, dass diese Region schon vor 1500 Jahren von Menschen besiedelt war.

Noch haben die Orte eine gewisse Übersichtlichkeit und Beschaulichkeit bewahrt, doch von Jahr zu Jahr werden neue Hotelbauten errichtet, dehnen sich die Anlagen für Urlauber immer weiter am Strand entlang und ins Hinterland aus. Im Winter sind die Dörfer fast ausgestorben, denn kaum jemand lebt das ganze Jahr hier. Das flache Hinterland dient landwirtschaftlichen Zwecken, doch kann dieser Erwerbszweig längst nicht mehr mit den Möglichkeiten des modernen Tourismus konkurrieren.

Die Nordküste ist ein Eldorado für Wassersportler, so manch einer unternimmt hier seine ersten vorsichtigen Versuche auf einem Surfbrett. Andere genießen einfach nur die meist flach abfallenden Strände, ideal zum Baden und Relaxen. Einige der größeren Hotels verfügen über Tennisplätze, und in Marmári sind sogar Strandausflüge auf dem Rücken eines Pferdes möglich. Doch auch für Fahrradfahrer ist die Gegend ideal, denn kaum eine Steigung bremst in der flachen Küstenlandschaft das Vorwärtskommen. Zahlreiche Verleihstationen für Fahrräder ermöglichen es, auch etwas entferntere Strandabschnitte aufzusuchen, die in der Regel weniger überlaufen sind. Da kann einem dann höchstens noch die Hitze einen Strich durch die Rechnung machen ...

Marmári ····⟩ S. 119, E 5

Erst in den achtziger Jahren ist dieser Ferienort aus dem Boden gestampft worden; der sehr schöne Sandstrand quasi direkt vor der Haustür war die ausschlaggebende Ursache für den Bauboom. Traditionelle dörfliche Atmosphäre sollte man hier also nicht erwarten, dafür entschädigen endlos lange Sandstrände – zum Teil mit Dünen und von einigen Tamarisken bestanden –, Badespaß und zahlreiche Wassersportmöglichkeiten. Wer gern zu Fuß unterwegs ist, kann kilometerweite Strandspaziergänge unternehmen. Vor allem bei deutschen Besuchern ist dieser Ferienort beliebt, was sich auf den Speisekarten, auf denen auch deutsche Gerichte zu finden sind, bemerkbar macht. Der flach abfallende Sandstrand ist besonders für Kinder gut geeignet, die an vielen Stellen gefahrlos planschen können. Duschen gibt es direkt am Strand. Surfer und Segler finden im Ort mehrere Schulen vor, und bei der Horse Riding School Marmári können Reitausflüge gebucht werden.

HOTELS/ANDERE UNTERKÜNFTE
Magic Life 👥
Die vom Strand durch eine Uferstraße getrennte Bungalowanlage bietet ein »All-inclusive«-Angebot; das Animationsteam sorgt tagsüber und abends für ein abwechslungsreiches Sport- und Unterhaltungsprogramm. Wer auf eine Rundumbetreuung (für Jung und Alt) Wert legt, ist hier an der richtigen Adresse.
Etwas außerhalb von Marmári;
Tel. 2 24 20/4 16 22, Fax 4 16 63;

MERIAN-Tipp
7 Captain's Studios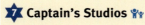

Einst war der perfekt englisch sprechende Tankerkapitän auf den Weltmeeren unterwegs, jetzt steuert er zusammen mit seiner Frau »nur« noch seine familiäre Pension inmitten eines großzügigen Gartens. Herzlich und persönlich ist die Atmosphäre. Vor allem Familien mit Kindern fühlen sich hier wohl, denn der flache Sandstrand liegt direkt vor der Haustür. Auf Wunsch gibt es auch Frühstück und ein ausgezeichnetes, typisch griechisches Abendessen. In der Hauptsaison ist Vorausbuchung dringend angeraten!

Marmári, westlich des Zentrums; Tel. und Fax 2 24 20/4 14 31; 6 Zimmer und 6 Apartments ● ⌫   ---> S. 119, E 5

E-Mail: magiclife@kos.forthnet.gr; 320 Zimmer ●●● AmEx MASTER VISA

Nobel
Das familiär geführte Haus liegt unmittelbar am Sandstrand außerhalb von Marmári. Einfache Zimmer, zum Teil mit Meerblick. Restaurant mit Außenterrasse.
Tel. 2 24 20/4 10 03, Fax 4 11 94; 75 Zimmer ●● ⌫

Royal Park
Die vor wenigen Jahren errichtete »All-inclusive«-Ferienanlage liegt etwa 1,5 km außerhalb von Marmári. Die Zimmer befinden sich im Haupthaus oder in einem der zweistöckigen Bungalows. Die attraktive Anlage verfügt über vier Tennis-Hartplätze und eine Wassersportstation am Strand.
Tel. 2 24 20/4 1488, Fax 4 13 73; 236 Zimmer ●● AmEx MASTER VISA

ESSEN UND TRINKEN
Dimitris
Direkt aufs Meer blickt man bei Dimitris nicht, denn sein Restaurant liegt etwas landeinwärts an der Hauptstraße direkt an der Abzweigung nach Tigáki. Das ist wohl der Grund, warum nicht so viele Urlaubsgäste hierher finden. Dafür wird bei Dimitris vorzügliches griechisches Essen serviert, genau so, wie es eingefleischte Griechenlandfans lieben: Man kann in der Küche in die verschiedenen Töpfe und Pfannen gucken und sich vom Anblick und Duft der landestypischen Gerichte inspirieren lassen. Ob Kaninchen oder Ziegenfleisch, Kichererbsenpfannkuchen oder Hähnchen – es schmeckt einfach köstlich!
Tel. 2 24 20/4 11 22; ganztags bis in den späten Abend ●● ⌫

SERVICE
Busverbindungen nach und von Kos-Stadt fünf- bis siebenmal täglich; Fahrzeit 35 Min.

In den örtlichen Reisebüros werden Ausflüge zu den umliegenden Inseln angeboten: eine Fahrt ins türkische Bodrum, eine Inseltour zum Kennenlernen von Kos sowie ein griechischer Abend in einer der Tavernen des Bergdorfes Zía. An der Straße nach Tigáki warten knatternde Go-Karts auf unerschrockene »Rennfahrer«.

Mastichári   ---> S. 118, C 6,

Antike Reste in der Gegend von Mastichári – darunter Relikte früher Hafenanlagen und Ruinen einer Basilika, die archäologischen Schätzungen zufolge im 5. Jh. errichtet wurde – zeugen von einer langen Siedlungsgeschichte in dieser Region. Eine Neubesiedlung fand jedoch erst Ende der zwanziger Jahre des vergangenen Jahrhunderts statt, als sich ein Teil der Einwohner Andimáchias nach einem Erdbeben hier niederließ.

So stellt der Ort heute eine Mischung aus herkömmlichen Häusern und modernen Bauten dar. Allerdings leben hier nur noch wenige Menschen von Landwirtschaft und Fischfang, der Tourismus bildet die Haupteinnahmequelle. Rings um Mastichári gibt es schöne Strände, die Region ist vor allem auch für Surfer interessant. Die schattigen Plätze unter den Tamarisken am Ortsstrand sind in der Hauptsaison rasch von Besuchern »belegt«, doch selbstverständlich werden auch Sonnenschirme und Liegestühle vermietet.

Der Strand liegt gleich westlich des Hafens, er ist zwar im Sommer stark besucht, doch dafür wird er regelmäßig gesäubert, und Bars und Tavernen in unmittelbarer Nähe sorgen für das leibliche Wohl. 3 km westlich von Mastichári, bei der Kirche **Ágios Ioánnis**, lockt ein mehrere 100 m langer Sandstrand vor einer kleinen Steilküste. Östlich von Mastichári erreicht man nach 2 km Troúlos Beach (Schild Georges und Tam-Tam). Auch hier ein flach abfallender Meeresboden.

Mittelpunkt von Mastichári ist der Hafen mit seinen Tavernen. Von hier aus starten Touren zu den Nachbarinseln Kálymnos, Pláti und Psérimos.

HOTELS/ANDERE UNTERKÜNFTE
Achilleas Beach
Die weitläufige Anlage besteht aus mehreren zweistöckigen Gebäuden, ein Sand-/Kiesstrand mit kleinen Dünen liegt in unmittelbarer Nähe. Großer Süßwasser-Swimmingpool.
2 km außerhalb von Mastichári;
Tel. 2 24 20/5 91 60, Fax 05 91 61;
240 Zimmer ●● CREDIT

Mastichári Bay
Die Anlage präsentiert sich wie ein kleines Dorf, um ein Haupthaus gruppieren sich mehrere kleinere Gebäude. Direkt am Sand-/Kiesstrand gelegen; Swimmingpool und Kinderbecken sind vorhanden.
Etwas außerhalb von Mastichári;
Tel. 2 24 20/5 47 00, Fax 2 24 20/5 47 40;
www.masticharibayhotel.com; 240 Zimmer ●● MASTER VISA

ESSEN UND TRINKEN
Kalí Kardiá
Das alte Fischrestaurant direkt am Hafen wird von Einheimischen und Urlaubern gleichermaßen gern besucht. Von der Terrasse aus kann man gut das Treiben am Hafen verfolgen.
Tel. 2 24 20/5 92 89; ganztags bis in den späten Abend ●●

O Mákis
Frischer, schmackhafter Fisch steht an erster Stelle in dieser »psarotaverna« (Fischtaverne), außerdem viele köstliche Fleisch- und Gemüsegerichte.
An der Parallelstraße der Hafenpromenade; Tel. 2 24 20/5 90 61; ganztags bis in den späten Abend ●●

Sea Side
Gute griechische Küche, ob Fisch oder Fleisch, dazu Wein und Bier vom Fass, erwarten den Gast am Ende der Hafenpromenade. Von der Terrasse

Christen der Inseln unterstehen direkt dem Patriarchen von Konstantinopel.

aus blickt man auf den tamariskenbestandenen Strand.
ganztags bis in den späten Abend ●● ✉

SEHENSWERTES
Ágios Geórgios ····⟩ S. 119, D 6
Noch vor dem Ort Mastichári, unmittelbar an der Straße, liegt die kleine, dem heiligen Georg gewidmete Kirche. Wie so oft bei christlichen Bauten wurden bei ihrer Errichtung Materialien aus antiken Gebäuden wiederverwertet, was an den verwendeten Steinquadern und Säulenresten zu erkennen ist.
2 km von der Inselhauptstraße entfernt; frei zugänglich

Ágios Ioánnis ····⟩ S. 118, C 6
Die Reste dieser dreischiffigen Basilika sind bei einem Strandspaziergang ganz einfach zu finden. Das Gotteshaus wurde vermutlich um 500 n. Chr. errichtet und verweist mit seinen für die damalige Zeit beträchtlichen Ausmaßen (ca. 20 x 15 m) auf eine prosperierende Epoche in der Geschichte der Insel. Wie der Name schon sagt, war sie dem heiligen Johannes geweiht. Erhalten geblieben sind u. a. Säulenkapitelle im »Heiligen Bezirk« des Gotteshauses, ein kreuzförmiges, in die Erde eingelassenes Taufbecken und zahlreiche Mosaike, die jedoch zum Schutz vor Witterungsschäden mit Steinen bedeckt wurden. Sie zeigen geometrische Muster, aber auch Tiere und Blumen.
Unmittelbar am Strand auf einer kleinen Anhöhe gelegen, ca. 3 km westlich von Mastichári

SERVICE
Verkehrsverbindungen
Dreimal täglich gibt es eine Busverbindung nach Kos-Stadt, sonntags zweimal; Fahrzeit 45 Min.

Taxis stehen am Hafen, jedoch muss man bisweilen mit Wartezeiten rechnen.

Vom Hafen aus starten Personen- und Autofähren nach Kálymnos, in

Die Nordküste ist ein Eldorado für Wassersportler; mancher Urlauber unternimmt hier seine ersten »Stehversuche« auf dem Surfbrett.

der Hauptsaison bis zu fünfmal täglich. Die Überfahrt nach Póthia, der Hauptstadt von Kálymnos, dauert rund 45 Min. Tickets erhält man in einem Häuschen am Hafen oder im Reisebüro.

Das Reisebüro **Mastichári Travel** vermittelt Tickets für Fähren und für verschiedene Ausflüge.

Tel. 2 24 20/5 92 90, Fax 05 92 92

Tigáki ⋯⋯➤ S. 119, F 5

Tigáki ist eine reine Feriensiedlung, deren Bebauung in den achtziger Jahren einsetzte. Die meisten Hotels haben sich entlang einer Stichstraße zum Meer angesiedelt, die an einem schönen Sandstrand mit einigen Tamarisken endet; in der Hauptsaison ist er mit dichten Reihen von Sonnenschirmen und Liegestühlen bestückt. Von Jahr zu Jahr dehnt sich der Ort etwas weiter aus. Surfer können vor Ort Bretter leihen, Anfänger eine Surfschule besuchen.

Je weiter man sich vom Ortsstrand entfernt, desto ruhiger werden die Strandabschnitte. Sehr flach fällt der Meeresboden direkt vor dem Salzsee ab, für Familien mit Kindern also hervorragend geeignet.

Aufgrund fehlender Steigungen ist die Gegend auch ideal zum Radfahren – so können beispielsweise auch etwas entferntere Strandabschnitte problemlos und bequem erreicht werden.

Hotels/Andere Unterkünfte
Kos Palace
Modernes, von der Besitzerfamilie geführtes Hotel. Vom Strand ist es nur durch einen wenig befahrenen Weg getrennt. Neben komfortablen Doppelzimmern werden auch einige große Suiten angeboten, ideal für einen Familienurlaub.

Tel. 2 24 20/6 98 90, Fax 2 24 20/6 96 00; www.kospalace.gr; 107 Zimmer ●●●
CREDIT

Irina Beach
Eine kleine Ferienanlage, geeignet für alle diejenigen die einen ruhigen, erholsamen Urlaub verbringen möchten. Es gibt Apartments mit einem sowie mit zwei Schlafzimmern für 4–6 Personen. Schwimmbad, Kinderschwimmbecken und Restaurant.

2 km außerhalb von Tigaki;
Tel. 2 24 20/6 98 50, Fax 2 24 20/6 82 93;
38 Apartments ●●

Tigáki Beach
Ein schöner Sandstrand liegt 150 m entfernt, in der gepflegten Gartenanlage gibt es darüber hinaus einen großen Swimmingpool mit Kinderbecken. Tennisplatz und Tischtennisplatten sind ebenfalls vorhanden.

400 m östlich des Kreisverkehrs;
Tel. 2 24 20/6 94 46, Fax 6 93 09;
E-Mail: tigaki@otenet.gr; 170 Zimmer ●●
MASTER VISA

Essen und Trinken
Vassílis
Das älteste Restaurant im Ort, ein Familienbetrieb mit traditioneller griechischer Küche.

Etwas abseits der Hauptstraße, nahe dem Ortszentrum; Tel. 2 24 20/2 92 51; ganztags bis in den späten Abend ●●

Sehenswertes
Salzsee (Alikes) ⋯⋯➤ S. 119, E 5
Nicht weit außerhalb von Tigaki in westlicher Richtung erstreckt sich ein Salzsee, an dem früher Salz gewonnen wurde. See und Uferzone wurden zum Naturschutzgebiet erklärt, da sie wichtigen Lebensraum für viele Vögel bilden. Während der Wintermonate sind sogar Flamingos anzutreffen.

Das Gelände ist frei zugänglich

Service
Busse
Stündlich verkehren Busse nach Kos-Stadt, sonntags viermal täglich.

Taxi
Tel. 2 24 20/2 27 77

Die Inselmitte

Badefreuden am Meer, nahezu unberührte Bergdörfer, Windmühlen und das Kastell von Andimáchia.

Aus dem ehemaligen Fischer- und Bauerndorf Kardámena an der Südküste der Insel ist inzwischen ein beliebtes Urlauberziel geworden.

Das **Díkeos-Gebirge** im Südosten von Kos erleben die meisten Urlauber höchstens aus der Ferne, ist es doch nur am Rande und in Teilen von Straßen erschlossen, so dass lediglich ausdauernde Wanderer dieses Gebiet aus kahlen Hängen und bewaldeten Höhenzügen erforschen. Am nördlichen Gebirgsrand laden mehrere Siedlungen zu lohnenden Tagesausflügen ein, Übernachtungsmöglichkeiten wird man in dieser Region nur in Ausnahmefällen finden. Von hier aus kann man kurze Wanderungen in die Berge unternehmen oder einfach nur den Blick weit über die Küstenlinie und die vorgelagerten Inseln bis hinüber auf das nahe türkische Festland schweifen lassen.

Seit kurzem verbinden moderne Straßen diese Dörfer, so dass mehr und mehr Durchgangstouristen mit Mopeds und Mietwagen die dörfliche Ruhe stören. Geschäfte für Urlauber und Tavernen haben sich mittlerweile auf die vielen Tagesgäste eingestellt. Nicht versäumen sollte man einen Besuch des hoch gelegenen Dorfes **Zía** sowie der verlassenen Siedlung **Paléo Pilí** mit ihrer Festungsruine, die beide einen herrlichen Rundblick erlauben.

Das **Kastell** von **Andimáchia** unweit des gleichnamigen Ortes bietet einen ebenso guten Ausblick, diesmal über den Süden von Kos und die anschließende Inselwelt. Im Dorf Andimáchia ist noch die einzige Windmühle der Insel in Betrieb – sie ist über 250 Jahre alt und kann besichtigt werden. Zu Füßen des Dorfes erstreckt sich **Kardámena**, ein Ort, der sich mittlerweile ganz dem Tourismus verschrieben hat. Lange Sandstrände erlauben hier feinstes Badevergnügen. Sehenswürdigkeiten hingegen gibt es nicht – sieht man einmal von dem schönen Blick ab, den man vom rege besuchten Ortsstrand aus hinüber zur Nachbarinsel Níssyros hat.

Andimáchia ⇢ S. 119, D 7

Die meisten Bewohner des sich auf einem 150 m hohen Plateau erstreckenden Inseldorfes leben nach wie vor von der Landwirtschaft, auf den bäuerlich genutzten Flächen ringsum gedeihen Gemüse und Getreide, Wein und Oliven. Traditionelle »kafenía« und Lädchen dominieren das Dorfbild. Hotels und Restaurants wird man hier vergeblich suchen, lediglich einige Privatzimmer werden auf Nachfrage angeboten. Der Flughafen der Insel grenzt unmittelbar an das Dorf, so dass eine touristische Entwicklung auch in Zukunft schwer vorstellbar ist. Hauptattraktion von Andimáchia ist die einzige auf der Insel noch betriebene **Mühle**, mit ihren alten Segeltuchflügeln ist sie ein beliebtes Fotomotiv. Gern geben der Müller und seine Frau Einblick in ihre Arbeit; bei ausreichendem Wind zermahlen mächtige Mühlsteine noch heute das Korn. Man kann bis nach oben ins alte, knarrende Gebälk klettern und den Vorgang beobachten (Eintritt 0,50 €). Das Dach der Windmühle lässt sich übrigens drehen, sodass bei unterschiedlichen Windrichtungen gemahlen werden kann. Und auch auf unterschiedliche Windstärken weiß der Müller zu reagieren: Je nach Kraft der Brise wird das Segeltuch der Flügel vergrößert bzw. zusammengefaltet.

Gleich gegenüber beherbergt das Traditional House of Andimáchia ein **Volkskundemuseum**. Das 1990 errichtete Gebäude ist der Nachbau eines traditionellen Bauernhauses mit vier Zimmern und verschafft Einblick in die Wohnkultur koischer Familien bis zum Zweiten Weltkrieg (tgl. ca. 8–16 Uhr, Eintritt 1 €). Ein kleines Café-Restaurant neben der Windmühle bietet Erfrischungen an.

Am Abend des 29. Juni findet in Andimáchia ein Kirchweihfest mit Musik und Tanz statt.

Eine blühende Agave überragt den spärlichen Macchia-Bewuchs im Zentrum der Insel. Die Kargheit der Berge prägt auch die Menschen, die viel Geduld brauchen, um dem Boden noch landwirtschaftliche Erträge abzuringen.

Hotels/Andere Unterkünfte
Robinson Club Daidalos ⛵⛵ ⤏ S. 119, D 8

Das Anfang der neunziger Jahre errichtete Club-Dorf erstreckt sich auf einer Klippe des Kaps Chelónas. Den Gästen stehen mehrere Tavernen, zwei Swimmingpools, Disco und Fitness-Center zur Verfügung. Das Sportangebot ist vielfältig: Vom Tennisplatz über Gymnastik bis hin zu Surf- und Segelmöglichkeiten (Katamaran; auch Kurse) wird reichlich Abwechslung geboten. Die Qualität des Essens ist fantastisch; die Animation, für Kinder wie für Erwachsene, lässt keine Wünsche offen. Allerdings sind die Gäste hier unter sich, Andimáchia liegt ca. 9 km entfernt.
Tel. 2 24 20/9 15 27-33, Fax 9 16 12; 260 Zimmer ●●●● CREDIT

Sehenswertes
Kastell ⛵⛵ ⤏ S. 119, E 7

Die imposante Verteidigungsanlage mit ihren mächtigen Mauern östlich des Dorfes verweist auf die ereignisreiche Geschichte der Region. Vermutlich bereits im 13. Jh. von den Venezianern errichtet, waren es die Johanniter, die im 14. Jh. für den Ausbau dieser Verteidigungsanlage sorgten. In kriegerischen Zeiten diente das Kastell den Dorfbewohnern als Zufluchtsstätte.

Die Burg ist über das ehemalige Nordtor zugänglich, das von ansehnlichen zinnenbewehrten Mauern flankiert wird. Am kleineren Tor gleich hinter dem ersten Außentor ist noch das Wappen eines ehemaligen Großmeisters des Johanniterordens, Pierre d'Aubusson, und die Jahreszahl 1494 zu erkennen. Innerhalb der Mauern ist fast alles zerstört worden. Wenig aussagekräftige Gebäudereste, einige Zisternen und zwei Kirchen blieben erhalten. Gräser, Blumen und die allgegenwärtigen Geckos haben die »Herrschaft« über das Gelände übernommen. Das Kirchlein **Ágios Nikólaos** birgt noch Reste von Wandmalereien, auf denen der heilige Christophoros zu sehen ist. Den Eingang schmücken drei Ritterwappen, die eingravierte Jahreszahl 1520 dürfte für das Baudatum stehen. Die Kapelle **Agía Paraskeví** ist der gleichnamigen Heiligen aus dem 2./3. Jh. gewidmet, die als Heilerin von Augenkrankheiten verehrt wird, wie die zahlreichen Votivtafeln an den Ikonen belegen – häufig sind Augen auf ihnen abgebildet. Am 26. Juli findet ihr zu Ehren ein Gottesdienst mit Prozession statt.

Vom südlichen Rand der Anlage aus bietet sich bei klarem Wetter ein herrlicher Blick über die fruchtbare Küstenebene bei Kardámena sowie hinüber zur Insel Níssyros. Das Restaurant Castle kurz vor dem Kastell lädt zu einer Rast mit schönem Blick auf die Festungsanlage sowie das Díkeos-Gebirge ein.

3 km Staubstraße von der Inselhauptstraße aus, östlich von Andimáchia (dem Schild »castle« folgen); ständig frei zugänglich

Plaka ⇢ S. 118, B 7

Das kleine Wäldchen 4 km nordwestlich von Andimáchia dient vor allem an Wochenenden Einheimischen als schattiger Picknickplatz. Der Duft von Gebratenem überdeckt dann den Geruch der Kiefern – bisweilen werden ganze Lämmer am Spieß gebraten. Mehreren farbenprächtigen Pfauen dient der Wald als Heimat.

SERVICE
Busse
Mehrmals täglich Busverbindung nach Kos-Stadt (Fahrzeit ca. 40 Min). Mehrere Busse steuern täglich auch Kardámena und Kéfalos an.

Evangelístria ⇢ S. 119, F 6

Das Dorf gehört ebenso wie Zía zur größeren Gemeinde **Asfendíou**. Die Kirche Evangelismo direkt am Hauptplatz wurde 1910 erbaut und ist in traditionellem Stil bunt ausgemalt. Im Dorf sind noch einige alte Häuser erhalten geblieben, die vor der »Beton-Kultur« entstanden sind. Die Schatten spendende Terrasse der Taverne Asfendíou gleich neben der Kirche lädt zu einer Rast ein. Gegrilltes wie Hähnchen und Oktopus sind die Spezialität des Hauses. Hier bekommt man auch koischen Wein vom Fass.

Zu Fuß lässt sich von hier aus bequem der übergangslos anschließende kleine Ort **Asómatos** erreichen. Seine weithin sichtbare, hoch gelegene Kirche ist dem heiligen Georg geweiht.

Kardámena ⇢ S. 119, E 8

Das einstige Fischer- und Bauerndorf an der Südküste hat sich schon seit vielen Jahren vollkommen dem Tourismus verschrieben. Vor allem englische Reiseveranstalter haben hier Kontingente gebucht, und so ist der Ort »fest in britischer Hand«. Englisches Frühstück und Essen bestimmt die Speisekarten, von griechischer Kultur ist kaum noch etwas zu spüren. Die modernen Bauten vermögen nicht gerade viel Charme zu entwickeln, doch dafür bietet der insgesamt 9 km lange Sandstrand eine Menge Badespaß und ein großes Angebot an Wassersportmöglichkeiten (Paragliding, Wasserski, Tretboote, Jet-Ski).

Viele Strandabschnitte weisen einen flachen Uferbereich auf und eignen sich deshalb vor allem für Kinder. Und wer sich etwas von den stadtnahen Strandbereichen entfernt, wird auch ein weniger überlaufenes Fleckchen finden.

In der Hauptsaison (Juli und August) sind in Kardámena alle Unterkünfte ausgebucht – dann halten sich hier neben den Einheimischen bis zu 20 000 Feriengäste auf. In einigen Hotelanlagen außerhalb des Ortes, in denen man vom abendlichen Rummel Kardámenas nichts mitbekommt, haben auch deutsche und österreichische Reiseveranstalter Kontingente gebucht.

Südwestlich des heutigen Kardámena fanden Archäologen Spuren der antiken Siedlung Halássarna, die einst mehr Einwohner umfasste als der heutige Urlaubsort. Unter den Funden waren Reste eines Apollonheiligtums, Fundamente eines hellenistischen Theaters und mehrerer Kirchen.

Eine schöne Wanderung führt von Kardámena hinauf zur **Johanniterfestung** von Andimáchia; für diesen »Castle Walk« benötigt man drei Stunden Zeit, etwas Kondition – und vor allem einen ausreichenden Wasservorrat (ca. 10 km einfache Strecke).

Am 8. September wird in Kardámena der Geburtstag der heiligen

Mutter Gottes gefeiert. Darüber hinaus findet jedes Jahr Anfang September ein Weinfest statt.

HOTELS/ANDERE UNTERKÜNFTE
Lagas Aegean Village
Konzipiert wie ein griechisches Dorf, wurde diese Ferienanlage an einem Hügel nur unweit des Strandes errichtet. Hier findet man Geschäfte und Restaurants, eine Disco, Tennisplätze und Schwimmbecken sowie ein breites Wassersportangebot am Strand unterhalb der Hotelanlage. Der Flughafen liegt nicht weit entfernt.
2 km westlich des Zentrums von Kardámena; Tel. 2 24 20/9 15 15, Fax 9 16 35; 330 Zimmer ●●●● ⌫

Club-Hotel Akti
Die Hotelanlage besteht aus einem Haupthaus mit mehreren Nebengebäuden, im Zentrum ein großer Swimmingpool und ein Kinderspielplatz. Die Kleinen können tagsüber in einem eigenen Mini-Club betreut werden. Zum Sportangebot gehören sechs Tennisplätze, zwei Basketball- und zwei Volleyballplätze. Ein Animationszentrum sorgt täglich für Abwechslung. Die klimatisierten Zimmer sind mit traditionellen Möbeln ausgestattet. Ein schöner Strand liegt vor dem Hotel.
4 km östlich von Kardámena; Tel. 2 24 20/9 27 77-80, Fax 9 17 17; E-Mail: akti@aias.gr; 189 Zimmer ●●● MASTER VISA

Kalimera Kos
Die Anlage besteht aus einem Hauptgebäude und sechs Nebengebäuden und ist von einem üppigen Garten umgeben. Zwei Swimmingpools, einer davon für Kinder. Moderne, großzügige Zimmer. Die Einrichtungen des Hotels Akti gleich daneben können mitbenutzt werden. Basketball- und Tennisplatz. Es bestehen auch Reitmöglichkeiten. Ein schöner Sandstrand liegt 300 m entfernt. Hoteleigene Busverbindung mit Kardámena.
4 km östlich von Kardámena; Tel. 2 24 20/9 15 35, Fax 9 15 57; 115 Zimmer ●●● MASTER VISA

Villa Bessi
Wer nicht direkt am Strand wohnen möchte und ein kleineres Haus bevorzugt, für den stellt die Villa Bessi eine gute Alternative dar. Zu Fuß ist man ungefähr 15 Minuten bis zum Strand unterwegs, nach Kardámena eine halbe Stunde. Ein winziger Pool sorgt für Abkühlung, den Gästen stehen Fahrräder zur Verfügung.
3 km östlich von Kardámena; Tel. 2 24 20/9 13 69; 13 Zimmer ●● ⌫

ESSEN UND TRINKEN
Der englische Geschmack bestimmt weitgehend die Küche der meisten Restaurants. Es wird viel Fastfood angeboten.

Ta Adélfia
Im Unterschied zu vielen anderen Lokalen steht hier auch griechische Hausmannskost auf dem Speiseplan. Das Frühstück sowie Pizza und Pasta sind ebenfalls zu empfehlen.
An der Straße zu den westl. Stränden; Tel. 2 24 20/9 14 60; tgl. ab 9 Uhr ●● ⌫

Akteon
Unverfälschte Taverne, in der an Wochenenden auch noch Griechen anzutreffen sind. Gute Fischgerichte.
An der Uferstraße westlich des Zentrums; Tel. 2 24 20/9 14 83 ●● ⌫

Chissópoulos
Familiäre Taverne mit landestypischer Küche. Auch Fisch kann man hier gut essen.
An der Uferstraße westlich des Zentrums; Tel. 2 24 20/9 12 35; tgl. ab 11 Uhr ●● ⌫

Nafsikon
Griechische Küche steht ebenso auf der Karte wie eine Auswahl italienischer Gerichte. Gäste des Restaurants

Kardámena

können Liegestühle und Sonnenschirme am Strand davor frei benutzen.
3 km östlich des Zentrums direkt vor dem Hotel Akti ●●

Am Abend
Am Hafen reihen sich zahllose Bars, Cafés und Discos aneinander, aus fast allen Lokalen schallt laute Musik. In den Discos wird kein Eintritt verlangt, doch dafür sind die Getränkepreise sehr hoch. Die **Starlight-Disco** am nördlichen Ortsrand zählt im Sommer zu den beliebtesten Stätten zum Abtanzen, die Tanzfläche befindet sich im Freien. Im Zentrum von Kardámena liegt die neue Diskothek **Status**.

Einkaufen
Die üblichen Souvenirgeschäfte bestimmen die Straßen und Gassen hinter dem Hafen. Es gibt aber auch mehrere Lebensmittelläden.

Theoria
Der Silber- und Goldschmuck von Costas Papailías hebt sich deutlich von dem der anderen Läden ab; hier findet man schöne und ausgefallene Einzelstücke.
In der Haupteinkaufsstraße hinter der Uferpromenade

Service
Arzt
Direkt an der Hauptstraße am Ortseingang gelegen.
Tel. 2 24 20/9 12 02

Auskunft
Das Touristenbüro von Kardámena liegt direkt an der Platía des Ortes (Zimmervermittlung).
Tel. 2 24 20/9 11 39; Mo–Fr 9–13, Di und Fr auch 18–20, Sa 10–12 Uhr

Autoverleih
Es gibt hier zahlreiche Möglichkeiten, Autos, aber auch Mopeds oder Motorräder zu leihen.

Busse
An Wochentagen fährt sechsmal täglich ein Bus nach Kos-Stadt, sonntags dreimal täglich. Die Fahrtdauer beträgt ca. 45 Min.

Kardámena eignet sich für einen ausgiebigen Einkaufsbummel. Die Geschäfte haben bis in den späten Abend hinein geöffnet.

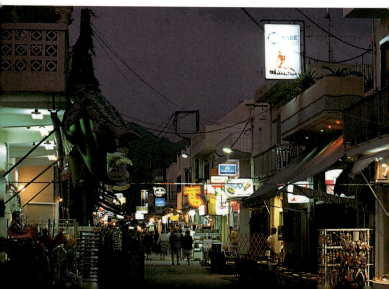

Die Inselmitte

Post
Postcontainer in der Nähe der Platía.

Schiffsverkehr
Jeden Morgen starten mehrere Schiffe zu Ausflugsfahrten, u. a. zum beliebten Paradise Beach. Vor allem Níssyros ist von hier aus täglich bequem zu erreichen. Einmal pro Woche steuert ein Boot die Insel Tilos an. Tickets gibt es direkt am Hafen oder in einem der zahlreichen Reisebüros.

Taxi
Standplatz direkt vor der Hafenmole.
Tel. 2 24 20/2 33 33

Lagoúdi ⇢ S. 119, F 6

Spektakuläres gibt es in dem Dörfchen, in dem nur noch rund 100 Einwohner leben, nicht zu entdecken; kleine traditionelle Häuser und Gassen prägen die Atmosphäre, das »Kafeníon« mitten im Dorf scheint von der modernen Zeit noch unberührt zu sein. Die Dorfbewohner sind fast alle in der Landwirtschaft tätig. Die Marienkirche mit ihrer blauen Kuppel auf einem Plateau oberhalb des Ortes ist mit Wandmalereien im traditionellen Stil ausgeschmückt, die vor allem Szenen aus dem Leben Marias zeigen.
In gut einer Stunde können Spaziergänger von hier aus zum Meer hinunterwandern.

Paléo Pilí ⇢ S. 119, F 6

Der Name bedeutet so viel wie »das alte Pilí« und verweist darauf, dass es die ursprüngliche Heimat der Bewohner von Pilí war. Das heute verlassene Dorf war einst an einer geschützten Stelle errichtet worden, die vom Meer aus nicht einsehbar war. Feinde wurden so nicht durch vermeintliche »Beute« angelockt. Doch 1830, nach einer Cholera-Epidemie, wurde die Ansiedlung verlassen, das heutige Pilí gegründet. Die meisten Häuser sind mittlerweile verfallen, nur die Hauptkirche des Ortes ist erhalten. Ein schön gepflasterter Weg führt zu ihr hinauf.

Oberhalb des Ortes erheben sich die Reste einer byzantinischen Festung aus dem 11. Jh., die auf schmalem Pfad nach nur zehnminütigem Spaziergang zu erreichen ist. Vor allem ein herrlicher Blick über den Norden der Insel belohnt für die Mühe des Aufstiegs. Zwei kleine Kapellen auf dem Weg zur Kirche und zur Festung bergen noch Reste von Wandmalereien. Bemerkenswert ist auch der Eingang zur Festung mit seinen muschelförmigen Nischen.

Paléo Pilí eignet sich auch gut als Ausgangspunkt für kurze Wanderungen in die Berge, entsprechendes Schuhwerk vorausgesetzt. 3 km südöstlich von Pilí in Kato Pilí vor der Kirche links abbiegen Richtung Lagoúdi, in Amanioú rechts ab bis zu einem Parkplatz an einer Quelle. Hier kann man das Auto abstellen, falls man nicht ohnehin eine Wanderung hierher vorgezogen hat. Das Gelände ist immer frei zugänglich.

MERIAN-Tipp

I Latérna

Die Belgierin Christina Zenteli und ihr griechischer Mann Evangelos leben seit fast zwei Jahrzehnten auf Kos und haben abseits der großen Urlauberzentren eine ganz besondere Idylle geschaffen. Christina malt während der Wintermonate Bilder und individuelle Ikonen, die Interessierte in einem Ausstellungsraum bewundern – und natürlich kaufen – können. Die beiden betreiben hier auch ein kleines Café. Gästen, die mindestens vier Wochen in Lagoúdi verbringen wollen, stehen zwei sehr schöne Apartments zur Verfügung.

Unterhalb der Dorfkirche in Lagoúdi;
Tel. 2 24 20/6 90 04 ⇢ S. 119, F 6

Pilí
---> S. 119, E 6

Die Ortschaft (mit umliegenden Gemeinden) erstreckt sich in ungefähr 300 m Höhe auf einem fruchtbaren Plateau. Seinen Namen erhielt das Dorf nach dem Stamm der Peleten, die in der Antike in dieser Gegend ansässig waren. Hier wird Viehzucht betrieben; es gibt Olivenhaine, Tomaten und auch Sesampflanzen werden angebaut. Für den Tourismus ist Pilí nur ein Durchgangsort, denn außer einigen wenigen Privatzimmern gibt es hier keine Übernachtungsmöglichkeiten.

Die Ortschaft gliedert sich in zwei Teile: Von der Hauptstraße her gelangt man zunächst nach **Káto Pilí** (»unteres Pilí«), nach seiner Kirche wird dieser Ortsteil häufig auch **Ágios Geórgios** genannt. Daran schließt sich **Áno Pilí** an (»oberes Pilí«). Auch dieser Ortsteil wurde nach seiner Kirche bezeichnet: **Ágios Nikólaos**. Rund um den zentralen Dorfplatz, die Platía von Áno Pilí, laden mehrere gemütliche Cafés und Tavernen zum Verweilen ein. Hier findet der Besucher neben der Kirche auch ein kleines **Museum** in einem alten Bauernhaus, das die Lebensbedingungen und Wohnverhältnisse der Inselbewohner in der Vergangenheit vor Augen führt (meist nur abends geöffnet).

Jedes Jahr wird am St.-Georgs-Tag im April ein Pferderennen veranstaltet. Die Besonderheit dabei ist, dass an der Stirn des siegreichen Pferdes nach traditionellem Brauch ein Osterei aufgeschlagen wird.

Sehenswertes
Dorfbrunnen
200 m von der Platía entfernt (Schild »water spring«) spendet ein alter Dorfbrunnen erfrischendes Nass, das aus sechs Löwenköpfen sprudelt. Die Brunnenanlage wurde 1592 erbaut, auch wenn diese wasserreiche Stelle sicherlich schon in der Antike genutzt wurde. Noch heute zeugt das Grün der Umgebung von der Fruchtbarkeit des Gebietes.

Grab des Charmylos
Unterhalb eines Tonnengewölbes verbergen sich zwölf Grabkammern. Die Grabanlage stammt aus dem 4. Jh. v. Chr. und war vermutlich von einem Tempel oder einem Mausoleum überbaut. Der Name des Grabes verweist auf einen mythischen Helden namens Charmylos, welcher in der Geschichtsschreibung jedoch nicht erwähnt ist. Teile dieser Anlage wurden später als Baumaterial der angrenzenden Kapelle verwendet, wie heute noch sehr deutlich zu erkennen ist.

Von der Platía auf der Hauptstraße Richtung Kardámena, zweite Abzweigung links, nach 150 m wieder links

Essen und Trinken
Old Pilí
Kurz bevor man das verlassene Dorf Paléo Pilí erreicht, liegt einsam diese Taverne, die einen schönen Blick auf die Küstenlandschaft gewährt. Eine große Auswahl an Gerichten, auch frischer Fisch, wird hier serviert, der Besitzer ist selbst Fischer.

MERIAN-Tipp
9 Kunstgewerbe in Pilí

Seit 1978 lebt das holländische Künstlerpaar Ria und Remko de Gilde auf der Insel. Während Remko auf Zeichnungen, Aquarellen und Ölgemälden die koische Landschaft präsentiert, hat sich Ria auf die Herstellung von Silber- und Goldschmuck spezialisiert. Die hübsche Galerie ähnelt ein wenig einer Ausstellung – die »Gefahr«, bei der Suche nach einem Schmuckstück fündig zu werden, ist groß.

Am Oberen Dorfplatz; Mo–Sa 9–19, So 10–13 Uhr ---> S. 119, E 6

Zwischen Amanioú und Paléo Pilí;
Tel. 2 24 10/4 16 59; tgl. ab mittags
geöffnet ●● ◿

Drósos
In der preiswerten kleinen Taverne direkt oberhalb der Brunnenanlage sitzt man gemütlich unter schattigen Bäumen; serviert wird vornehmlich Gegrilltes und Gebratenes. Von der Terrasse der Taverne aus kann man das dörfliche Treiben beobachten.
Oberer Dorfplatz; Tel. 2 24 10/4 14 46;
tgl. ab 9 Uhr geöffnet ● ◿

EINKAUFEN
The Mermaid
Große Auswahl an Tongefäßen, Wandtellern, Töpfen und Figuren.
Oberer Dorfplatz

SERVICE
Busse
Viermal täglich (sonntags dreimal) Busverbindung nach Kos-Stadt. Die Fahrzeit beträgt 30 Min.

Erste Hilfe
Tel. 2 24 10/4 12 30

Taxi
Tel. 2 24 10/4 12 22

Zía   ⟶ S. 119, F 6

Das in 350 m Höhe gelegene Bergdorf gehört zur Gemeinde Asfendíou. Hier hat man sich völlig dem Tourismus verschrieben, vor allem abends kommen Busse mit Urlaubern aus den Stranddörfern, um in einer der riesigen Tavernen einen »typisch griechischen« Abend mit Musik und Tanz zu verbringen. Doch auch tagsüber lohnt ein Spaziergang, vorbei an hübsch herausgeputzten Häusern in engen Dorfgassen. Überall werden Souvenirs angeboten; neben Töpferwaren, handgewebten Teppichen und Decken werden auch Kräuter und der beliebte Thymianhonig verkauft.

Im Dorf selbst blieb eine der einst zahlreichen **Wassermühlen** erhalten, die von einem Quellbach angetrieben wurde. Auch hier werden mittlerweile Souvenirs verkauft. Die kleine Dorfkirche mit ihren traditionellen Wandmalereien gehörte früher zu einem nahen Kloster, stammt in ihrer jetzigen Form allerdings aus dem Jahr 1919.

Von Zía aus kann man den höchsten Berg der Insel, den 846 m hohen **Díkeos**, besteigen. Geeignete Bergschuhe, ausreichender Wasservorrat und Erfahrung mit Wanderungen in weglosem Gelände sind allerdings Voraussetzung.

ESSEN UND TRINKEN
Olympiada
Gute griechische Küche am Rand des Dorfes. Schöne Terrasse.
Tgl. ab mittags geöffnet ●● ◿

Sunset Balcony
Der Name hält, was er verspricht: Von der Terrasse der Taverne aus hat man in der Tat einen herrlichen Blick aufs Meer, und ein Sonnenuntergang von hier oben ist ein eindrucksvolles Erlebnis. Die Speisen sind zwar nicht sehr üppig, dafür sind die Gerichte vorzüglich zubereitet. Probieren sollte man die Kichererbsenbällchen oder den mäßig süßen, intensiven Zimtsaft.
Im oberen Ortsteil neben der Kirche;
Tel. 2 24 10/6 90 46; tgl. ab mittags geöffnet ●● ◿

Zía
Die Taverne liegt so weit oben, dass sich nicht viele Urlauber hierher verirren. Auf der kleinen Terrasse sitzt man lauschig unter Weinblättern. Besitzer Kostas serviert vor allem Grillgerichte, dazu gibt es Wein aus eigener Herstellung.
Tgl. ab 8.30 Uhr geöffnet ●● ◿

SERVICE
Dreimal täglich Busse nach Kos-Stadt, sonntags zweimal; Fahrtdauer ca. 40 Min.

Zipári

⇢ S. 119, F 5

Das erst in den zwanziger Jahren des letzten Jahrhunderts gegründete Dorf liegt direkt an der Inselhauptstraße und an der Straße nach Zía. Auffällig ist seine imposante Kirche.

Von Bedeutung für kunsthistorisch Interessierte sind zwei Ruinen byzantinischer Kirchen etwas außerhalb des Ortes und in idyllischer, grüner Landschaft gelegen. Reste der dem Apostel Paulus geweihten Basilika **Ágios Pávlos**, die zwischen dem 5. und 6. Jh. erbaut wurde, sind besonders sehenswert. Etwa 500 m nach der EKO-Tankstelle führt vor der Brücke links ein Pfad zur etwas höher gelegenen Ruine. Das romantisch wild überwucherte Gelände birgt zahlreiche Mosaiken mit Pflanzen- und Tiermotiven. Deutlich sind noch die Umrisse des einst 21 x 15 m großen Gotteshauses auszumachen. Man erkennt die Reste eines Ambons, eine Art steinernes Lesepult, das man über Treppen erreichte. Auch die hohen Mauern einer Taufkapelle mit einem kreuzförmigen Taufbecken sind erhalten geblieben. Die hier ebenfalls entdeckten Fußbodenmosaiken sind leider kaum mehr zu sehen, da sie zu ihrem Schutz mit einer Kiesschicht abgedeckt worden sind.

Die Basilika Ágios Pávlos gehört zu einer Siedlung, von der nur noch spärliche Mauerreste vorhanden sind. An deren Südrand erhebt sich die Ruine der **Basilika des Kapamá** aus dem 5./6. Jh. Auch hier sind noch schöne Mosaiken und ein recht eindrucksvolles Baptisterium, als Rundbau angelegt, erhalten geblieben; in dessen Mitte befindet sich ebenfalls ein kreuzförmiges Taufbecken.

Einheimische sind in Zía – zumindest im Sommer – mittlerweile in der Minderheit. Die Dorfbewohner verstehen es, den Tourismus für sich zu nutzen.

Der Westen: die Kéfalos-Halbinsel

Traumstrände mit idealen Windbedingungen für Surfer sind der Reiz des Inselwestens.

An den Traumstränden im Westen der Insel (hier der Club Méditerranée in Ágios Stéfanos) lässt sich sicher ein erholsamer Urlaub verbringen.

Hier findet der Besucher die schönsten Strände von Kos: angefangen vom trubeligen **Paradise Beach**, an dem sich im Juli und August Sonnenschirm an Sonnenschirm reiht, bis hin zu einsamen Badeplätzen ganz im Westen der Insel, die nur per Mietwagen oder Moped erreichbar und auch im Sommer niemals überlaufen sind – sie repräsentieren noch ein Stück unverfälschter Idylle.

Der Hauptort des »wilden« Inselwestens, **Kéfalos-Stadt**, liegt erhöht oberhalb der Küstenlinie und wirkt aus der Distanz wie eine kleine Festungsanlage. Gerade seine Entfernung zum Strand ließ ihn eine gewisse Beschaulichkeit bewahren. Der Tourismus bestimmt noch nicht komplett das Treiben in den Gassen.

Unterhalb von Kéfalos-Stadt erstreckt sich **Kamári**, einst der Hafen des Ortes und mittlerweile zusammengewachsen mit **Ágios Stéfanos**. Heute hat sich der Name Kamári für die gesamte Strand-Ortschaft durchgesetzt. Hier spielt sich das eigentliche touristische Leben des Inselwestens ab, hier gibt es in ausreichender Zahl Unterkünfte, Tavernen und Geschäfte. Hier kann man Autos und Motorräder mieten und am regen Nachtleben teilnehmen.

Besonders beliebt ist der Strand von Kamári bei Surfern, denn der stetige Wind verdammt höchst selten zur Untätigkeit. Die Halbinsel Kéfalos bietet nicht nur lange Sandstrände und einsame Badebuchten – für Sonnenhungrige und Wassersportler gleichermaßen geeignet –, hier können Sie auch auf den Spuren der koischen Geschichte wandeln, deren Zeugnisse bis in die Jungsteinzeit zurückreichen. Mit der Höhle Aspri Petra findet man hier außerdem das älteste Zeugnis menschlicher Anwesenheit auf der Insel, die sich den Funden nach bis in die Jungsteinzeit zurückverfolgen lässt.

Über einen motorisierten Untersatz sollte man für die Erkundung des Inselwestens allerdings verfügen, falls man nicht zu denjenigen gehört, die per pedes oder Mountainbike die Schönheiten der Natur in gemächlicherem Tempo entdecken wollen.

Kamári ····≻ S. 116, C 2

Der einstige Hafenplatz von Kéfalos, mittlerweile mit dem benachbarten Dorf Ágios Stéfanos zusammengewachsen, bildet das Urlauberzentrum des Inselwestens. Doch selbst in der Hauptreisezeit bleibt touristische Hektik diesem Teil des Eilands fremd. Wer abwechslungsreiches und ausgiebiges Nachtleben sucht, der sollte besser nach Kardámena ausweichen.

In Kamári findet man zahlreiche Hotels, Pensionen und Privatunterkünfte, die sich locker über die Küstenebene verteilen, Bars und Tavernen bieten ausreichend Abwechslung in kulinarischer Hinsicht, und fahrbare Untersätze stehen in großer Zahl bereit.

Der Ortsstrand von Kamári, der sich auf einer Länge von ungefähr 2 km erstreckt, ist nicht nur ein ideales Badeterrain, er gilt vor allem auf Grund seiner häufigen ablandigen Winde als Eldorado für Surfer, die hier ideale Bedingungen vorfinden wie sonst kaum irgendwo auf griechischen Inseln. Hin und wieder allerdings sehr zum Leidwesen mancher Badender, die nicht zu Unrecht eine Kollision fürchten.

In der Kefalos Windsurfing School können Einsteigerkurse belegt werden (Tel. und Fax 2 24 10/7 15 55). Für ein entspannteres Vorwärtskommen stehen am Strand Tretboote zur Verfügung.

Die Strände östlich von Kamári erstrecken sich beinahe über 10 km und zählen zu den schönsten, die Griechenland zu bieten hat (→ S. 72).

Der Westen: die Kéfalos-Halbinsel

HOTELS/ANDERE UNTERKÜNFTE

Club Méditerranée
Die etwas ältere Clubanlage am östlichen Strandabschnitt von Kamári liegt in viel Grün eingebettet. Neben der üblichen Animation wird vor allem für Kinder ein abwechslungsreiches Programm geboten. Surfen, Segeln und Wasserski stehen im Mittelpunkt des Wassersportangebots. Abends Disco, Konzerte und Showprogramme.
Tel. 2 24 20/7 13 11, Fax 7 15 61;
310 Zimmer ●●● AmEx MASTER VISA

Anthoula
Das kleine Hotel liegt zwischen Kamári und Kéfalos, rund 800 m sind es bis zum Strand. Wer nicht so weit laufen möchte, dem steht ein Swimmingpool zur Verfügung. Bushaltestelle direkt vor dem Haus.
Tel. 2 24 20/7 13 39; 32 Zimmer ●●

Anthoulis
Relativ kleine Zimmer vermietet diese Pension mitten im Ort an der Hauptstraße, dafür kann man aber ziemlich preisgünstig wohnen.
Tel. 2 24 20/7 13 41; 24 Zimmer ●

Kordistos
Nur 30 m liegt der Sandstrand vom Hotel entfernt und einen Pool gibt es hier außerdem. Eine Taverne gehört zum Hotel.
Tel. 2 24 20/7 12 51, Fax 7 12 06;
38 Zimmer ●● MASTER VISA

Tsakínis Studios
Im letzten Haus oberhalb des Hafens wohnt man recht ruhig. Die Zimmer bieten einen schönen Blick über die gesamte Küste.
Tel. 2 24 20/7 16 02; 16 Studios ●

Zeus ⇢ S. 116, C 1
Für alle, die ein relativ ruhiges Plätzchen suchen, empfiehlt sich dieses nur 200 m vom Meer entfernte Hotel. Auch ein Swimmingpool ist vorhanden.
Tel. 2 24 20/7 15 90; 58 Zimmer

SEHENSWERTES

Ágios Stéfanos ⇢ S. 117, D 1
Die Ruinen der um 500 n. Chr. errichteten Doppelbasilika findet man unmittelbar vor dem Terrain des Club Med am Strand gegenüber der kleinen Insel Kástri. Bei den Ruinen handelt es sich um zwei direkt nebeneinander liegende, jeweils dreischiffige Bauten, in denen noch einige Mosaiken erhalten blieben, die jedoch meist unter Sand und Kies verborgen sind. Die noch unzerbrochenen Säulen wurden von Archäologen wieder aufgerichtet.
    Von der Basilika aus kann man zur kleinen Nikolauskirche auf der Insel **Kástri** hinüberschwimmen, die jedoch immer verschlossen bleibt.

Agorá
Eine antike Agorá und weitere Funde verweisen darauf, dass hier einst eine bedeutende Siedlung gelegen haben muss, Reste der früheren Hafenstadt Astipaléa.
Zwischen Hauptstraße und Strand

Basilika Kamaríou ⇢ S. 116, C 2
Spärliche Reste einer frühchristlichen Basilika blieben am westlichen Ende von Kamári unweit der Taverne Faros erhalten.

ESSEN UND TRINKEN

Corner
Direkt am Strand gelegen, bietet die Terrasse des Restaurants einen herrlichen Blick aufs Meer und die Bucht. Die Küche bietet viele landestypische Speisen, darunter viele Fleisch- und Fischgerichte.
●●

Dionisos
Das unter neuer Leitung stehende Restaurant hat sich auf Fischgerichte und Meeresfrüchte spezialisiert, aber auch alle anderen gewohnten Köstlichkeiten der griechischen Küche stehen auf der reichhaltigen Speisekarte. Sehr schön sitzt man abends auf

Kamári

Lange Strandspaziergänge, Faulenzen in der Sonne, eine Runde Jet-Ski – die schöne Bucht von Kamári lässt kaum einen Urlaubswunsch unerfüllt.

der zum Meer hin gelegenen Terrasse des Restaurants.
Direkt an der Hauptstraße; Tel. 2 24 20/ 7 14 05; tgl. ab 11 Uhr geöffnet ●● ▭

Fáros
Auch bei Einheimischen beliebte Taverne am westlichen Ende der Uferpromenade. Hier wird eine Fülle von griechischen Gerichten kredenzt, die Fischspezialitäten sind zu empfehlen.
Unmittelbar am kleinen Hafen; täglich ab mittags geöffnet ●● ▭

Limniónas ⤑ S. 116, C 1
Das Restaurant direkt am kleinen Hafen und unweit des einzigen Sandstrandes von Limniónas hat sich seit eh und je auf Fisch spezialisiert und wird an Wochenenden häufig von Einheimischen aufgesucht.
5 km nördlich von Kéfalos ●● ▭

Stamatía Antónis
Die alteingesessene Taverne unmittelbar am Strand, in der Nähe des Anlegers von Skála, bietet gute Qualität und herzhaftes Essen.
Tgl. ab 11 Uhr ●● ▭

AM ABEND
Ein besonders aufregendes Nachtleben sollte man in Kamári nicht erwarten. An der Hauptstraße und am Strand warten mehrere Bars auf Kundschaft, die Discos **Make-Up** und **Popeye** bieten Lautstarkes.

STRÄNDE
Ágios Stéfanos ⤑ S. 117, D 1
Kleiner Sandstrand mit flach abfallendem Meeresboden direkt am Club Med, man kann zur winzigen vorgelagerten Insel Kástri hinüberschwimmen. Im Sommer ist dieser schöne Strandabschnitt stark frequentiert. In der Taverne Katerína (→ MERIAN-Tipp, S. 15) wenige Meter oberhalb des Strandes gibt es vorzügliches Essen.
Ausgeschilderte, asphaltierte Zufahrt von der Inselhauptstraße

**Banana Beach und
Makros Beach** ⤑ S. 117, E 1
Zwischen Paradise und Sunny Beach gelegen. Sonnenschirmverleih und Getränkeverkauf.
Ausgeschilderte, unbefestigte Zufahrt von der Inselhauptstraße aus

Der Westen: die Kéfalos-Halbinsel

Camel Beach ---> S. 117, D 1
Der nicht besonders große Strand besteht aus drei unterschiedlich großen Buchten, an denen sich auch ein Sonnenschirmverleih etabliert hat. Die Felsen ringsherum machen Camel Beach auch für Schnorchler interessant.
Steile, unbefestigte Straße; an der Inselhauptstraße ausgeschildert

Magic Beach ---> S. 117, E 1
Eine kleine Verkaufsbude mit Getränken hat nur in den heißen Sommermonaten geöffnet, ebenso der Sonnenschirmverleih.
Ausgeschilderte, unbefestigte Zufahrt von der Inselhauptstraße aus

Paradise Beach ---> S. 117, E 1
Der Inselbus fährt inzwischen von der Hauptstraße direkt zum »Paradiesstrand« hinunter. In den Sommermonaten ist der Strandabschnitt natürlich sehr gut besucht, dann reiht sich Liegestuhl an Liegestuhl. Der Strand wird auch **Bubblebeach** genannt, weil Blasen aus dem Meeresboden aufsteigen, die angeblich von erloschenen Vulkanen stammen. Da Jet-Ski betrieben wird (Verleihstationen), sollte man hier nicht unbedingt beschauliche Ruhe erwarten. Eine große Taverne oberhalb des Strandes sorgt für das leibliche Wohl.

Sunny Beach ---> S. 117, E 1
Liegen und Sonnenschirme werden auch hier angeboten, in der Hauptsaison vermietet man Tretboote. Sunny Beach zeichnet sich durch einen schönen, flach abfallenden Sandstrand aus, doch wird es hier nie so voll wie am Paradise Beach. Gleich oberhalb des Strandes liegt eine hübsche Taverne mit schattigen Terrassen, wo man sich bei einem erfrischenden Getränk gut vom anstrengenden Sonnenbad erholen kann.
Teils unbefestigte, aber gut befahrbare Zufahrt (ausgeschildert) von der Inselhauptstraße aus

Winzige Kirchlein wie dieses entdeckt man auf Kos sehr häufig. Sie zeugen von der tief verwurzelten Frömmigkeit der Inselbewohner und dem immer noch hohen Stellenwert der Religion im Alltagsleben.

SERVICE

Werktags sechsmal täglich, sonntags dreimal täglich gibt es **Busverbindungen** nach Kos-Stadt, die Fahrzeit beträgt rund eine Stunde. Während der Sommersaison verkehren etwa fünfmal wöchentlich (bei Bedarf auch öfter) Ausflugsboote nach **Níssyros**, es werden auch unregelmäßig Badeausflüge (mit Barbecue) zu einsamen Stränden veranstaltet, die nur per Boot erreichbar sind (Auskünfte bei **Kéfalos Tours**, Tel. 2 24 10/7 20 56, Fax 7 20 55). Hier bekommt man übrigens auch Mietwagen mit einem zuverlässigen 24-Stunden-Reparaturservice, der sogar kaputte Reifen umfasst. Preisgünstige und moderne Roller und Motorräder kann man bei **Stamatis** (Tel. 2 24 20/7 13 49 und 07 21 11) gleich bei der Einfahrt zum Club Méditerranée ausleihen.

Kéfalos-Stadt ---> S. 116, C 2

2500 Einwohner

Der Hauptort im Inselwesten, der auf einem mächtigen Plateau hoch über dem Meer thront, ist bislang nur in bescheidenem Ausmaß vom Tourismus in Beschlag genommen worden.

Kamári – Kéfalos-Stadt

Zu beschwerlich wäre wohl für die meisten Touristen der steile Weg hinunter zum Meer. Da nur wenige Privatzimmer Übernachtungsmöglichkeiten bieten, bestimmt noch griechischer Inselalltag Leben und Treiben in den kleinen Gassen. Kleine Kafenía und traditionelle Läden mit ihrem bunt durcheinander gewürfelten Angebot prägen zwar das Bild der Ortschaft, doch sind die Tavernen des Dorfes bereits auf ausländische Besucher eingestellt. Noch sind viele vor allem der älteren Bewohner in Landwirtschaft und Fischfang tätig, wenn auch mit abnehmender Tendenz.

Die Gegend rings um Kéfalos ist zwar nicht so fruchtbar wie der Inselosten, trotzdem wird hier Getreide, Gemüse und Tabak angebaut. So manch einer der Dorfbewohner spricht deutsch, da er früher mehrere Jahre in Deutschland gearbeitet hat. Einige hundert Einwohner von Kéfalos arbeiten mittlerweile während der Sommermonate in den großen Ferienanlagen wie Robinson Club und Club Méditerranée, die Kehrseite ist die Arbeitslosigkeit im Winter. Aus der Gegend um Kéfalos stammt der berühmte, sehr aromatische Thymianhonig, den man in den Dorfläden kaufen kann, und auch der rote Schafskäse (»kókkini féta«), eine der regionalen Spezialitäten, wird hier hergestellt.

Bademöglichkeiten, zum Teil hat das Meer hier aber einen heftigen Wellengang, gibt es rund um das **Kap Kata**, wo ein dünenbesetzter Sandstrand die auch während der Hauptsaison nur wenigen Besucher erwartet. Man sollte mit dem eigenen Auto jedoch nicht bis an die Dünen heran fahren: So manches Fahrzeug musste mühsam wieder herausgeschaufelt werden!

Südlich des Strandes, bei der Kapelle Ágios Theólogos, liegt ein kleiner Sand-/Kiesstrand. Hier empfängt eine Taverne die – mittlerweile zahlreichen – Gäste. Eine weitere Bademöglichkeit mit kleinem Sandstrand gibt es in **Limniónas** 5 km nördlich von Kéfalos. Die Fischtaverne am Hafen gilt bei Einheimischen als die beste der Insel (→ S. 71).

In der Gegend von Kéfalos lag einst die erste Hauptstadt der Insel, Astipaléa, die 412 durch ein schweres Erdbeben vernichtet wurde.

43 km von Kos-Stadt

Sehenswertes
Isódia tis Panagías
Der ägyptische König Kediwe Ismael stiftete für die Errichtung dieser Kirche Geld, als er im Jahre 1873 Kos besuchte. In ihrem Inneren ist sie mit christlich-orthodoxen Motiven ausgemalt.
Direkt an der Hauptgasse des Dorfes

Die malerisch anmutenden Boote, die am Strand von Kamári liegen, fahren immer seltener hinaus zum Fischen, zu sehr hat der Bestand mittlerweile abgenommen.

Der Westen: die Kéfalos-Halbinsel

Kastell
Viel ist von der ehemaligen Johanniter-Festung, die später auch von den türkischen Besatzern genutzt wurde, nicht übrig geblieben, doch der Weg hierher lohnt schon allein wegen des herrlichen Ausblicks auf die Küste.
Am östlichen Ortseingang

MUSEUM
Volkskundliches Museum
Im Inneren des über 100 Jahre alten Häuschens kann der Besucher sehen, wie man in Kéfalos früher lebte.
Am nördl. Dorfrand unterhalb der Windmühle; tgl. 9–13.30 Uhr; Eintritt frei

SERVICE
Fünfmal täglich besteht eine **Busverbindung** nach Kos-Stadt (sonntags dreimal), die Fahrt dauert etwa eine Stunde. **Taxis** können unter der Rufnummer 2 24 10/7 12 22 bestellt werden. **Erste-Hilfe**-Station Tel. 2 24 10/ 7 12 30.

Ágios Ioánnis Thymianós ⤑ S. 116, C 3

Das mittlerweile von allen Mönchen verlassene Kloster, das seinen Namenszusatz Thymianós dem in dieser Gegend reichlich wachsenden Thymian verdankt, bietet einen weiten Blick über die Küstenlinie. Es erwacht nur am 29. August zum Leben, wenn hier das Kirchweihfest gefeiert wird, das an die Enthauptung von Johannes dem Täufer erinnern soll. Dann sind die langen Steinbänke auf dem Hof, die in der übrigen Zeit nur von wenigen Urlaubern zu einer Rast genutzt werden, alle besetzt. Eine uralte Platane vor dem Kirchlein, die schon an mehreren Stellen abgestützt werden musste, spendet Schatten. Das Kloster eignet sich hervorragend als Wanderziel von Kéfalos aus. Von hier ist das Westkap nicht weit.
7 km südlich von Kéfalos

Antikes Theater (Palátia) ⤑ S. 116, C 2

Wenige hundert Meter nach der Abzweigung zur Kapelle Panagía i Palatianí weist ein Schild auf die Reste eines hellenistischen Theaters aus dem 2. Jh. v. Chr. hin, doch nur spärliche Zeugnisse einiger Sitzreihen blieben in dem Kiefernwäldchen erhalten. Einige Meter entfernt die Überreste eines Tempels im dorischen Stil. Eine kopflose Statue der Göttin Demeter, die hier gefunden wurde, befindet sich im Museum von Kos-Stadt.
2 km südlich von Kéfalos

Aspri Pétra ⤑ S. 116, C 2

Die schon in der Jungsteinzeit bewohnte Höhle barg die bislang ältesten Zeugnisse der Besiedlung der Insel. Bereits im 4. Jahrtausend v. Chr. nutzten Menschen die Höhle als Wohnstätte; Archäologen fanden Reste einfacher Gefäße, Mühlsteine und einige Speerspitzen. Die Höhle diente offensichtlich als Platz für Kulthandlungen. Der Weg ist nicht ausgeschildert, so dass Interessierte dorthin am besten einheimische Hilfe in Anspruch nehmen sollten. Die vor einigen Jahren in der Höhle noch vorhandenen Tropfsteine wurden mittlerweile leider alle abgeschlagen.
7 km südlich von Kéfalos

Panagía i Palatianí ⤑ S. 116, C 2

Der Name des Gotteshauses – Heilige Mutter Gottes der Paläste – deutet auf die Lage hin: Die Kapelle wurde einst an der Stelle und mit den Resten eines Dionysostempels errichtet. Sie ist dem Verfall preisgegeben; wenige Meter entfernt wurde 1988 eine moderne neue Kapelle errichtet.
1 km hinter Kéfalos

FÜR EINE GÖTTLICHE ZEIT.

Alles für einen sagenhaften Urlaub, von Athen über Kos und Kreta bis Rhodos und Santorin: im MERIAN extra stehen die wichtigsten Sehenswürdigkeiten, Tipps für die besten Strände, Restaurants, Shopping und vieles mehr. Dazu Karten für Ausflüge, Stadpläne der Inselhaupstädte und eine große Griechenland-Posterkarte. Für anspruchsvolle Reisende, die das Erlebnis für alle Sinne suchen. IM GUTEN BUCH- UND ZEITSCHRIFTENHANDEL ODER UNTER TELEFON 040/87 97 35 40 UND WWW.MERIAN.DE

MERIAN
Die Lust am Reisen

Routen und Touren

Auf einer Fahrt entlang der Nordküste genießt man den Ausblick auf das türkische Festland, Psérimos und das Inselchen Pláti.

Kos und seine Nachbarinseln liegen am Übergang vom Orient zum Okzident. Wer sie erkundet, trifft unterwegs auf Klöster und Moscheen, karge Felswüsten und grüne Oasen.

Inselrundfahrt auf Kos – Die schönsten Plätze an einem Tag erkunden

Charakteristik: Eine Erkundungstour mit dem Auto über die gesamte Insel, die dem Besucher die Vielfalt der Insel vor Augen führt; **Länge:** ca. 130 km; **Dauer:** Tagestour; **Einkehrmöglichkeit:** Alle angesteuerten Orte und Strände bieten ausreichend Möglichkeiten für eine Pause im Restaurant oder Café; **Karte:** ⤑ Umschlagkarte vorne

Wo immer man auf Kos auch wohnt, jeder Teil der Insel ist auf einem Tagesausflug bequem zu erreichen. Die folgende Autotour ermöglicht ein erstes Kennenlernen ihrer unterschiedlichen Reize.

Die einzige auf der Insel noch funktionsfähige Windmühle steht in Andimáchia und kann besichtigt werden.

Kos-Stadt ⤑ Zía

Ausgangspunkt der Tour ist **Kos-Stadt**, man kann aber auch von jeder der erwähnten Stationen aus starten. Die große Inselhauptstraße Richtung Westen führt nach **Zipári**, wo es dann links hinauf in die Berge bis nach **Zía** geht. Bei klarer Sicht liegen das türkische Festland und die Insel Psérimos zum Greifen nahe. Die vielen Geschäfte und Stände mit Souvenirs bieten übrigens eine gute Auswahl, und auch an Restaurants fehlt es in Zía nicht.

Ein kleines Stück geht es nun wieder zurück; in **Evangelístria** biegt man an der Kreuzung nach links ab Richtung Amanioú. Das winzige Dörfchen Lagoúdi bietet sich für eine Rast an. Hier lohnt ein Besuch des Antiquitätenladens von Christina Zentéli, auf deren gemütlicher Terrasse man auch ein erfrischendes Getränk genießen kann. Weiter geht es nach **Pilí**, wo man sich auf der Hauptstraße nach links wendet, bis zum Dorfplatz des oberen Ortsteiles. Ein paar Schritte sind es nur bis zum mehrere hundert Jahre alten Brunnen mit seinem klaren Quellwasser.

Pilí ⤑ Kéfalos

Auf jeden Fall einen Abstecher wert ist das nur drei Kilometer südöstlich von Pilí gelegene Paléo Pilí, das alte Pilí mit seiner byzantinischen Festung aus dem 11. Jh. und seinen verlassenen Hausruinen. Landschaftlich besonders reizvoll ist die folgende Strecke am Rand des Díkeos-Gebirges entlang Richtung Kardámena – immer wieder reizt der weite Blick zum Anhalten und Verweilen. Die Geschäfte im lebhaften Ferienort Kardá-

Ein herrlicher Blick über den Nordwesten der Insel bietet sich dem Besucher von dem in 350 Metern Höhe gelegenen Bergdorf Zía aus.

mena verleiten zu einem kurzen Bummel, und wer Erfrischung im Wasser sucht: Die Strände rechts und links des Ortes laden zum Schwimmen (und Sonnenbaden) ein. Eine gut ausgebaute Straße führt nun hinauf nach **Andimáchia**, wo ein kurzer Abstecher zum gleichnamigen Kastell und ein Besuch der einzigen auf der Insel noch betriebenen Windmühle möglich sind.

Weiter geht es anschließend auf der Inselhauptstraße Richtung **Kéfalos-Stadt**; doch bevor man diesen Ort erreicht, sollte man einen der herrlichen Strände wie den **Paradise Beach** aufsuchen, die über kurze Stichstraßen zu erreichen sind. Schließlich liegt Kamári vor einem, ein lang gezogener Strand mit einem fotogen vorgelagerten Inselchen und zahlreichen kleineren Hotels und Ferienanlagen. Darüber thront auf einem Felsplateau **Kéfalos**, der vom Tourismus bisher noch wenig berührte Hauptort des Inselwestens.

Wer noch genügend Zeit hat, wird auf schmaler Straße die landschaftlich reizvolle Gegend des »wilden Westens« aufsuchen, wo historische Ruinen und Klöster wie das einsame **Ágios Ioánnis Thymianós** die einzigen menschlichen Hinterlassenschaften sind. Und wer ein Freund einsamer Badestrände ist, ist hier am richtigen Fleck!

Kéfalos ···> Kos-Stadt

Als Rückweg bleibt zunächst nur dieselbe Strecke bis Andimáchia, wo es links hinuntergeht zum Meer, nach Mastichári. Er ist einer der drei Badeorte an der Nordküste von Kos mit kilometerlangen feinsandigen Strandabschnitten. Für einen Sprung in die Meeresfluten findet sich hier ganz bestimmt eine geeignete Badestelle. Auf einer Nebenstrecke lassen sich auch die beiden anderen Stranddörfer, **Marmári** und **Tigáki**, mühelos erreichen, bevor es wieder zurück auf die Inselhauptstraße und nach Kos-Stadt geht.

Zum einsamen Westkap – Eine Wanderung durch unberührte Natur

Charakteristik: Wanderung durch den am wenigsten belebten Teil der Insel; **Hinweis:** Unternehmen Sie diese Wanderung nie alleine, da Sie an der Westspitze vermutlich auf keine Menschenseele treffen werden, die bei Bedarf Hilfe leisten könnte. **Länge:** 13 bzw. 27 km; **Dauer:** Halbtages- bzw. Tagestour; **Einkehrmöglichkeit:** Keine – Denken Sie daher unbedingt an Verpflegung und vor allem an ausreichenden Wasservorrat; **Karte:** ----> S. 116, c 3

Wiesen voller blühendem Klatschmohn – ein beliebtes Motiv fürs Fotoalbum – versetzen Wanderer im Frühjahr in Entzücken.

Diese Halbtagestour (13 km) führt den Wanderer durch den einsamen äußersten Westzipfel der Insel. Bei entsprechender Kondition kann der Ausflug zu einer ganztägigen Tour (27 km) verlängert werden.

Kéfalos ----> Ágios Ioánnis Thymianós

Ausgangspunkt der Wanderung ist das unbewohnte Kloster **Ágios Ioánnis Thymianós** (auch Ágios Ioánnis Pródromos genannt) ganz im Westen der Insel Kos, das bequem per Auto oder mit dem Moped zu erreichen ist. Erfahrene und ausdauernde Wanderer können auch bereits in **Kéfalos** die Tour zu Fuß beginnen, denn der etwa 7 km lange, landschaftlich schöne Weg bis zum Kloster lohnt die Anstrengung.

Hat man das Ende des Zufahrtsweges erreicht, führen 43 Stufen zur Klosterkirche hinab, auf deren Vorplatz eine uralte Platane Besuchern an heißen Sommertagen Schatten spendet. In der Kirche gibt es zahlreiche Ikonen neueren Datums; eine von ihnen (an der linken Seitenwand) stellt den Schutzheiligen der Tiere und Herden, **Ágios Mámas**, dar, dem in der Nähe eine kleine Kapelle gewidmet ist.

Kurz nach der Abzweigung von der Teerstraße zum verlassenen Kloster gabelt sich der Weg. Hier sollte man sich links auf einem absteigenden Sandweg halten. Immer wieder neue Ausblicke auf die schroffe Felsküste eröffnen sich unterwegs, bis man die kleine Kapelle **Ágios Mámas** kurz vor dem Kap Krikélos erreicht hat. Auf hügeliger Strecke geht es nun auf einem Feldweg in nördlicher Richtung weiter, an mehreren kleinen Stränden vorbei, die jedoch nur auf winzigen, unwegsamen Pfaden erreichbar sind. Etwas mehr als 4 km nach der Kapelle Ágios Mámas führt nach rechts eine Staubstrecke wieder hoch zum Kloster Ágios Ioánnis Thymianós. Orientieren kann man sich dabei an der Antennenanlage auf dem höher gelegenen Berg Látra.

Die Schwammtaucherinsel Kálymnos – Kleine Fischerdörfer und abgelegene Strände

Charakteristik: Die Tour zeigt die unterschiedlichen Facetten des Eilands, von der quirligen Hauptstadt über zerklüftete Felsen, aber auch fruchtbare Täler mit Zitronen-, Orangen- und Mandarinenplantagen bis hin zu wenig besuchten und einladenden Stränden; **Dauer:** Tagestour, die aber problemlos auf mehrere Tage ausgedehnt werden kann; **Einkehrmöglichkeit:** Cafés und Tavernen im Hafen von Póthia, in den Küstenorten Massoúri, Mirtiés und im Dorf Skaliá; **Karte:** ---> S. 83

Täglich wird das nur etwa 17 km lange und 10 km breite Eiland Kálymnos, auch als »Insel der Schwammtaucher« bezeichnet, von zahlreichen Fähren angesteuert. Mehrmals täglich gibt es eine Linienverbindung von Mastichári nach Póthia, auf dieser kürzesten Verbindung können auch PKWs mitgenommen werden. Von Kos-Stadt aus starten ebenfalls täglich Linien- und Ausflugsschiffe nach Kálymnos. Bei der Annäherung an **Póthia**, der Hauptstadt von Kálymnos, präsentiert sich die Insel als felsen- und steinübersätes Eiland. Ihre sympathischeren und zum Teil auch grünen Seiten eröffnen sich erst bei einer Tour über die Insel.

Póthia ---> Péra Kástro

Die Hafenstadt **Póthia** erwartet ihre zahlreichen Gäste mit hübschen, pastellfarbenen Häusern, die sich wie ein Amphitheater den Hang hochziehen. Die Stadt zählt mit 12 000 Einwohnern zu den größten Orten des Dodekanes; neben dem Fremdenverkehr spielt hier auch der Fischfang noch eine große Rolle, auch wenn Jahr für Jahr die Überfischung des Mittelmeeres diesen Erwerbszweig immer unsicherer macht. Doch noch immer kann man bei der Rückkehr der Fischerboote am Hafen von Póthia beobachten, wie riesige Schwertfische an Land gebracht und für den Export präpariert werden.

Die malerischen pastellfarbenen Häuschen in Póthia, der Hauptstadt der Schwammtaucherinsel Kálymnos, ziehen sich wie ein Amphitheater den Hang hinauf.

Auch von den einst Hunderten von Schwammtauchern, die alljährlich das Mittelmeer nach dem begehrten Meeresgut »abgegrast« haben, sind gerade mal noch zwei Dutzend übrig geblieben. Der Verkauf der Schwämme verhalf der Insel in vergangenen Zeiten zu Reichtum und Wohlstand. Davon zeugen noch heute neben der eindrucksvollen Hafenanlage in Póthia prachtvolle Stadthäuser und nicht minder prächtige Kirchen. Heute macht vor allem die preiswerte Importware aus Tunesien und Kuba das Rennen im internationalen Geschäft mit den Naturschwämmen. Aber keine Sorge: Schon im Hafen von Póthia stolpert man über die zahlreichen Geschäfte und Händler, die Naturschwämme des Mittelmeeres in allen möglichen Formen und Größen feilbieten. Ein Tipp für den Kauf: Auch wenn die helleren Exemplare unter den Schwämmen ästhetischer wirken mögen – sie sind mit chemischen Mitteln gebleicht und deshalb nicht so haltbar wie die naturbelassenen dunkleren Schwämme. Ein kleines Museum im Hafen von Póthia dokumentiert übrigens sehr anschaulich die Geschichte der Insel und ihrer Schwammtaucher. Zu den Exponaten zählen unter anderem alte Tauchausrüstungen.

Belebtes und meist lärmerfülltes Zentrum des Ortes ist die Hafenpromenade, die zum Bummeln einlädt, vorbei an der Fischmarkthalle und einigen italienischen Bauten aus den zwanziger Jahren. Von zahlreichen Tavernen und Cafés aus lässt sich das lebhafte Treiben im Hafen beobachten, in dem Ausflugsboote zu verschiedenen Tagesausflügen starten. Gut ausgeschildert ist der Weg zum kleinen **Vouválís-Museum**, der original ausgestatteten Villa eines reichen Schwammhändlers (Di–So 10 bis 14 Uhr). Und wenn man über ausreichend Kondition verfügt, dann lohnt der Aufstieg zur Chóra, dem alten, weiter oben gelegenen Ortsteil von Póthia mit seinen engen Gassen.

Ein weiterer Fußmarsch von einer halben Stunde bringt den Besucher, vorbei an drei Windmühlen, zur Ruine **Péra Kástro**, einem Johanniterkastell aus dem 14. Jahrhundert, von dem aus man einen weiten Blick über die Stadt genießen kann.

Péra Kástro ···≻ Massoúri

Doch Kálymnos hat noch mehr zu bieten. Zwar zeigt sich die Vegetation auf der Insel größtenteils von ihrer spärlichen Seite; der Südosten mit seinen fruchtbaren Tälern (ein besonders reizvolles Ausflugsziel ist das Tal von Vathí) wartet jedoch mit vielen Olivenhainen und noch mehr Zitrusfrüchte-Plantagen auf. Neben Zitronen und Orangen haben sich vor allem Mandarinen zum begehrten Exportartikel entwickelt.

Die Tour führt zunächst in den Südwesten der Insel Richtung Emboriós. Nur wenige Linienbusse fahren am Tag bis hierher, im stündlichen Takt kann man jedoch den Badeort **Massoúri** erreichen. Doch auch Motorroller, Autos und Taxis stehen für die Erkundung der Insel zur Verfügung, falls man nicht ohnehin schon einen Wagen in Kos gemietet hat.

Auf dem Weg nach Nordwesten lohnt für Kunstinteressierte nur 500 m von Chóra entfernt die Basilika **Christós tis Jerusalím** einen Besuch. Vor allem die Apsis ist interessant; sie stammt aus dem 5. Jh. Deutlich erkennbar wurden bei ihrer Errichtung zahlreiche Baumaterialien eines alten heidnischen Apollon-Tempels verwendet (nach dem großen Friedhof von Chóra links ab Richtung Argos, dann gleich wieder rechts).

Panórmos ···≻ Arginóndas

Nach 5 km erreicht man **Panórmos**. Zusammen mit den Küstenorten **Mirtiés** und **Massoúri** bildet diese Region das touristische Zentrum der Insel – mit allem, was dazugehört: Hotels, Ferienwohnungen, Restaurants und Geschäften. Die folgende Strecke, immer an der Küste entlang, ist von einer kahlen Felsenwelt geprägt, in der der würzige Duft von Thymian und anderen mediterranen Kräutern die Luft erfüllt. Am Ende einer lang gestreckten, beinahe fjordartig anmutenden Bucht erstreckt sich der kleine Ort **Arginóndas** mit seinem einladenden Kiesstrand.

Am Dörfchen **Skaliá** vorbei erreichen wir die letzte Station unserer Tour, den Ort Emboriós. Einige idyllisch gelegene Unterkünfte (zum Beispiel Harry's Paradise, Tel. 2 24 30/ 4 74 34) und Tavernen versprechen in diesem abgelegenen Dorf, 24 km von Póthia entfernt, einen wirklich ruhigen und erholsamen Urlaub. Auf gleichem Weg geht es dann zurück in den Hauptort der Insel.

In den Geschäften im Hafen von Póthia werden die Naturschwämme des Mittelmeers in allen Größen und Farben feilgeboten.

⑧ Entdeckungsfahrt nach Léros – Erkundung einer wenig bekannten Inselschönheit

Charakteristik: eine bislang vom Tourismus wenig beachtete Insel, die gerade deshalb zu einem längeren Aufenthalt einlädt; **Dauer:** Tagestour; **Einkehrmöglichkeit:** in allen beschriebenen Orten und Dörfern; **Karte:** ---> S. 87

Wenig bekannt ist die Insel Léros bei Urlaubern aus dem deutschsprachigen Raum. Zu Unrecht, wie schon ein kurzer Besuch des Eilands verdeutlicht. Wer Léros in einem Tagesausflug besuchen möchte, sollte sich der schnellen Flying Dolphins bedienen, der Tragflächenboote, die von Kos-Stadt aus ihr Ziel in zwei Stunden erreichen. Beschaulicher und schöner geht es mit den Linienschiffen, doch dann sollte man sich etwas mehr Zeit für die Insel nehmen. Dass sich Léros für einen längeren Aufenthalt lohnt, zeigt der folgende Vorschlag für eine Tour über die Insel.

Agía Marína ---> Plátanos

Agía Marína, im mittleren Teil der lang gestreckten Insel gelegen, ist der Ankunftshafen der schnellen Flitzer. In dem durch seine natürliche Lage geschützten Hafen wird der Besucher von einer fotogenen Windmühle begrüßt, die im Wasser zu stehen scheint. Die weißen Häuser des Ortes verteilen sich, einem Amphitheater ähnlich, zwischen zwei Hügeln. In den kleinen Gassen verbergen sich einige sehenswerte herrschaftliche Villen, zum Teil aus italienischer Zeit, und einige interessante Geschäfte – etwa das Katí no Oréon am Anfang der Straße Dekouli P., die hinauf nach **Plátanos** führt, in dem man eine außergewöhnliche Auswahl an Kunsthandwerk vorfindet.

Plátanos ---> Pandéli

Hoch oberhalb des Ortes, über Pfad und Straße bequem auf einem Spaziergang erreichbar, thront ein **Kastell**, eine von den Johannitern im 14. Jh. erweiterte byzantinische Festung. Schon in der Antike stand hier ein Wachtturm. Ein geradezu berauschender Blick nach allen Seiten, vor allem im sanften Licht des späten Nachmittags, belohnt für den Aufstieg. Die **Marienkirche** im Inneren der Festungsmauern birgt eine angeblich wundertätige Ikone, Ziel zahlreicher Gläubiger. Angeschlossen ist ein **Museum**, das wertvolle Gegenstände wie Messgefäße und Gewänder aus verschiedenen Kirchen der Insel, eine sehenswerte Bibliothek und einige archäologische Funde birgt (tgl. 8.30–12.30, Mi, Sa, So auch 15.30–19.30 Uhr). Praktisch zusammengewachsen ist Agía Marína mit dem etwas höher gelegenen Plátanos, der Hauptstadt der Insel, wirtschaftliches und verwaltungstechnisches Zentrum zugleich. Der Hauptplatz mit seinem klassizistischen Rathaus kann vom Hafen aus leicht in einem Spaziergang erreicht werden, man braucht nur der Hauptstraße auf den Bergsattel hinauf zu folgen. 500 m weiter, und man gelangt zu einem anderen Hafen, dem des einstigen Fischerdorfes **Pandéli**, das mittlerweile ebenfalls mit Plátanos zusammengewachsen ist. Badefreunde erwartet hier ein kleiner Kiesstrand. Hier freuen sich Tavernen und Unterkünfte auf Gäste, so zum Beispiel in einigen oberhalb des Ortes gelegenen restaurierten Windmühlen.

Pandéli ---> Lakkí

Für die weitere Erkundung der Insel ist man auf einen motorisierten Untersatz angewiesen. Mietwagen, Motorroller und Taxis stehen zur Verfügung; wer länger verweilt, kann auch die Linienbusse nutzen (beste Adresse für die Organisation von Touren und Unterkünften ist die Agentur Kastis mit mehreren Büros auf Léros: Hauptbüro in Lakkí, Tel. 2 24 70/2 25 00; in Agía Marína am Hafen, Tel. 2 24 70/2 21 44, Fax 2 47 70; in Álinda, Tel. und Fax 2 24 70/2 23 05.

In der natürlichen großen Bucht von Agía Marína schließen sich die kleinen Orte **Krithóni** und **Álinda** an, die vom Anlegehafen allerdings auch zu Fuß gut erreichbar sind. Hier verbringt das Gros der Urlauber in einem der zahlreichen Hotels und Pensionen oder in einer der Ferienwohnungen seinen Urlaub (ein sehr gutes Mittelklassehotel ist zum Beispiel das Krithóni Paradise in Krithóni, Tel. 2 24 70/2 51 20, Fax 2 46 80).

Sand- und Kiesstrände liegen vor der Haustür. Wer sich für die Kultur und Geschichte der Region interessiert, wird in dem am Ufer gelegenen **Belleniturm** ganz sicher fündig werden (tgl. 9–12 und 17–21 Uhr). Ein runder und ein eckiger Turm, die den Eingang flankieren, lassen den Besucher das Gebäude leicht finden.

Im weiteren Verlauf der Bucht kommen noch einige empfehlenswerte Strände, allerdings nur auf schlechter Straße zu erreichen. Vorbei an einigen Ruinen, möglicherweise den Resten eines **Artemistempels**, und dem winzigen Flughafen der Insel erreicht man das 9 km von Agía Marína entfernte Fischerdorf **Parthéni**. In der nordöstlich des Hafens gelegenen Kirche **Agía Kioúra** sind interessante Wandmalereien erhalten geblieben, die während der Diktatur in Griechenland (1967–1974) von politischen Gefangenen angefertigt wurden. Ein beschauliches Kleinod bildet der nicht weit entfernte Sand-/Kiesstrand von **Plefoúti**, wo man in einer guten Taverne mit typisch griechischer Küche einkehren kann, die auch bei den Einheimischen beliebt ist.

Zurück nach Álinda führt unsere Tour zunächst in den touristisch nur wenig erschlossenen Westen der Insel rund um die Bucht von **Goúrna**. Auf einen Badestrand und Tavernen muss man trotzdem nicht verzichten.

Schon wegen seiner exponierten Lage auf einem Felsen im Meer zieht das Kirchlein Ágios Issidóros vor der Küste von Léros viele Besucher an.

Ein beliebtes Fotomotiv stellt die Kapelle **Ágios Issidóros** auf einem Felsen im Meer dar, die über einen schmalen Betonsteg mit dem Festland verbunden ist.

Der größte Hafen der Insel, Lakkí, liegt nur vier Kilometer südlich von Agía Marína und zeigt sich doch völlig anders. Sein großes natürliches Hafenbecken, nur durch eine enge Zufahrt vor der bisweilen rauen See geschützt, verleitete die italienischen Besatzer in den Zwanzigerjahren dazu, hier einen Marinehafen anzulegen. Heute sind es vor allem die breiten Straßen und kubischen Bauten aus dieser Zeit, die dem Ort ein gänzlich ungriechisches Aussehen verleihen.

Trotz vieler Zerstörungen im Krieg blieb gleich am Hafen eine Reihe dieser Häuser erhalten, so die Markthalle mit einem Uhrturm, das ehemalige Zollgebäude, die Marineverwaltung und das heutige Hotel Léros. Auch etliche der von den Italienern errichteten Villen sind im Stadtgebiet noch zu entdecken.

In unmittelbarer Nähe liegt auch die psychiatrische Großklinik, die Léros aufgrund der unmenschlichen Unterbringung der über 3000 psychisch Kranken in der Vergangenheit einen schlechten Ruf einbrachte. Die Situation hat sich gebessert, da sich die Patientenzahl verringert hat. Doch noch immer ist der Lebensunterhalt vieler Inselbewohner mit der Existenz dieser Klinik verbunden.

Xirókambos ···> Agía Marína

Nach weiteren 4 km ist der südlichste Ort der Insel erreicht, **Xirókambos**. Nur wenige Gäste bekommt der tamariskenbestandene Sandstrand zu sehen, und auch am einzigen Campingplatz von Léros ist nicht gerade viel los. Jeden Tag starten vom Hafen kleine Ausflugsboote nach Kálymnos, die bei etwas stärkerer See allerdings erheblich schwanken – nichts für empfindliche Mägen. Östlich des Ortes stellt die idyllisch gelegene Kapelle der **Panagía tis Kavourádenas** ein beliebtes Ausflugsziel dar. Auf derselben Strecke geht es zurück nach Agía Marína.

Die Vulkaninsel Níssyros – Schwefeldämpfe, Klöster und Göttersagen

Charakteristik: Allein schon der Besuch des Vulkankraters der Insel, der immer noch nicht ganz zur Ruhe gekommen ist, macht einen Besuch von Níssyros lohnenswert;
Ausgangspunkt: Schiffe starten von Kos-Stadt, Kardámena und Kamári. Fahrkarten gibt es direkt bei den Schiffen oder in einem der zahlreichen Reisebüros;
Dauer: Tagestour, empfehlenswert ist jedoch ein mindestens zweitägiger Aufenthalt; **Einkehrmöglichkeit:** im Hafen von Mandráki sowie in den Orten Loutrá, Páli, Embórios und Nikiá; **Karte:** ---> S. 89

Ein echtes Erlebnis ist der Abstieg in den Vulkankrater von Níssyros, wo aus Erdspalten und Löchern schwefelhaltige Dämpfe aufsteigen und dem Besucher die Kraft der Natur vor Augen führen.

Ein Besuch der 41 qkm großen und nahezu kreisrunden Vulkaninsel südlich von Kos wird überall als Tagesausflug angeboten. Inbegriffen ist dann der Bustransfer zum Krater und zurück. Will man allerdings die versteckten Schönheiten des Eilands kennen lernen, sollte man mindestens eine Übernachtung einplanen. Denn Níssyros eignet sich nicht nur für reizvolle Wanderungen, auch Flora und Fauna der Insel mit ihren seltenen Pflanzen und ihrer reichen Vogelwelt verlocken zu einem längeren Aufenthalt.

In der Antike wurde die Insel Porphys (»die Purpurrote«) genannt, ein Name, der sich wahrscheinlich von der Farbe der Einsprenglinge im Vulkangestein ableitete, und bereits in den Schriften des Homer erwähnt wurde. Zu damaligen Zeit glaubten die Bewohner, die Insel sei ein Teil von Kos gewesen. Laut der griechischen Mythologie soll Poseidon auf der Jagd nach dem gefürchteten Giganten Polybotes die Insel auseinander gebrochen haben: Auf Kos habe der Meeresgott den Gegner gestellt und seinen Dreizack nach ihm geworfen. Bei dem gewaltigen Wurf soll ein Stück der Insel abgebrochen worden sein und Polybotes unter sich begraben haben. Dieses Stück – so die Mythologie – ist die Insel Níssyros. An der Stelle, wo sich der Mund des Giganten befand, soll der Vulkan entstanden sein. Seine Ausbrüche stellen das Keuchen und letzte Aufbäumen des besiegten Polybotes dar.

Mandráki ---> Johanniterburg

Die Ausflugsboote legen im Hafen von **Mandráki** an. Mandráki ist der Hauptort der Insel Níssyros und besitzt den einzigen Anlaufhafen für Fährschiffe. Bei stürmischem Wetter kann es allerdings passieren, dass der Hafen nicht angelaufen werden kann. Wenn man einen Tagesausflug gebucht hat, so warten hier bereits Busse auf den Weitertransport in den Krater. Ist man auf eigene Faust unterwegs, so lohnt zunächst ein Bummel durch das Dorf selbst. Viele der rund 700 Einwohner des Hafenortes arbeiten noch als Fischer und Bauern, auch wenn der Tourismus mittlerweile eine wichtige Rolle spielt.

Die Straße am Wasser entlang wird von zahlreichen Tavernen gesäumt, doch sehr schön sitzt man auch in den Lokalen, die in den schmalen Gassen versteckt liegen, und am schattigen Hauptplatz des Dorfes.

Die Uferstraße führt direkt zu einer hoch auf einem Kap liegenden **Johanniterburg**, wo sich auch das aus dem 14. Jh. stammende **Marienkloster** harmonisch an den Felsen schmiegt. Von hier kann man einen guten Überblick über Mandráki gewinnen. Etwas mehr Puste wird für einen Besuch des etwa 2 km weiter oberhalb gelegenen **Paleókastro** benötigt, Resten einer immer noch geheimnisumwitterten Festungsanlage mit einer exzellent erhaltenen antiken Stadtmauer aus sorgfältig behauenen Steinblöcken.

Da Busse nur äußerst spärlich verkehren (ein sich häufig ändernder Busfahrplan hängt am Hafen aus), ist man für eine Erkundung der Insel auf eigene Faust auf die an mehreren Stellen vermieteten Motorroller oder ein Taxi (Tel. 2 24 20/3 14 60 in Mandráki; Tel. 2 24 20/3 14 74 in Nikiá) angewiesen. Bei zwei- bis dreitägiger Vorbestellung kann auch ein Mietwagen organisiert werden (Nisyrian Travel, Tel. 2 24 20/3 14 11).

Vorbei an **Loutrá**, das seit dem Altertum für seine Heilquellen berühmt ist und wo heute ein etwas überdimensioniertes Kurhaus auf Gäste wartet, erreicht man den zweiten Hafen der Insel, **Páli**. Ein idyllischer, kleiner Küstenort mit einigen wenigen Tavernen und Pensionen und einem kleinen Fischerhafen – ideal zum Abspannen für einige Tage jenseits touristischer Hektik.

Páli ---> Stéfanos-Krater

In Serpentinen führt die Straße hinauf zum Kraterrand; das leuchtende Blau der Kornblumen und das leuchtende Gelb des Ginsters mit seinem intensiv süßen Duft begleiten vor allem im Frühjahr die Fahrt nach oben. Bis zu 400 m hoch ragen die Felswände rings um die **Caldera** empor; der Kesselgrund selbst liegt nur 100 bis 200 m über dem Meeresboden. Während ein Teil grün und bewachsen ist – sogar Kühe grasen hier –, gleicht das entferntere Ende mit sei-

Erholsam und beschaulich ist ein Spaziergang durch die engen Gassen von Mandráki, dem Hauptort der Insel Níssyros.

nen fünf Kratern einer Mondlandschaft.

Der so genannte **Stéfanos-Krater**, mit 300 m Durchmesser der größte, ist auf schmalem Pfad am einfachsten zu erreichen. Die blubbernden und zischenden Öffnungen in seinem Grund führen die immensen Kräfte vor Augen, die hier im Erdinneren schlummern. Allerdings ist der Vulkan zum letzten Mal Ende des 19. Jh. ausgebrochen, und die Vulkanologen rechnen nicht mit weiteren Eruptionen. Übrigens: Wenn es gelänge, die hier gespeicherte »kostenlose« Energie zu nutzen, könnte die gesamte Inselwelt des Dodekanes mit Strom versorgt werden ...

Faszinierend ist auch das weißgelb-braune Farbenspiel der Erde im Vulkan, wenngleich die Schwefeldämpfe nicht gerade zu einem längeren Aufenthalt verleiten. Oberhalb des Kraters werden in einem kleinen »Kafeníon« Erfrischungen angeboten, doch nachmittags ab 15 Uhr, wenn die letzten Busse abgefahren sind, kehrt Ruhe ein.

Ein besonderes Kleinod der Insel sind die Orte **Embórios** und **Nikiá** direkt am Kraterrand. In beiden Dörfern kann man von mehreren Stellen aus auf der einen Seite in den Kratergrund sehen, auf der anderen Seite reicht der Blick weit übers Meer. Im ganz oben gelegenen Nikiá, 14 km von Mandráki entfernt, leben nur noch rund 70 Menschen, viele der Häuser sind inzwischen verlassen. Schmale, nur ein bis zwei Meter breite Gassen durchziehen das Dorf; die Häuser sind weiß gekalkt, lediglich die meist blauen Fenster und Türen setzen markante Farbtupfer.

Am Dorfplatz mit seinem schönen Kieselmosaikboden lädt ein traditionelles »Kafeníon« zur Rast ein, zwei weitere Tavernen im Ort bieten Kräftigeres zur Stärkung. Ein herrliches Plätzchen zum Verweilen und Durchatmen, denn nur wenige Urlauber verirren sich hier herauf.

Ein Wanderweg führt von Nikiá, vorbei am Kloster **Ágios Ioánnis Theológos**, in einer Stunde hinunter zum Stéfanos-Krater. Auf der Rückfahrt kann man rechts unterhalb der Straße noch dem idyllisch gelegenen, verlassenen Kloster **Kirá** einen Besuch abstatten; seine Pforten stehen Besuchern offen.

Embórios mit seinen engen Gassen und vielen verlassenen Häusern wirkt ein wenig wie ein »vergessenes« Bergdorf. Kaum mehr als 20 Bewohner werden heute noch gezählt. Direkt am Straßenrand wenige Meter vor dem Ort kann man in einer Höhle eine natürliche »Sauna« aufsuchen, vom Erdinneren beständig aufgeheizt. Die einzige Taverne des Ortes erlaubt von ihrer Terrasse aus einen weiten Blick über den Krater und seine bis hoch hinauf terrassierten Hänge, die auf die einst weitaus zahlreichere Bewohnerschaft verweisen. Die Auswahl in der Taverne ist bescheiden, doch ist das Essen schmackhaft und vor allem das Ambiente von einer bemerkenswerten Stille geprägt. Es ist der richtige Flecken für echte Griechenlandfans …

Das direkt am Kraterrand gelegene Dorf Nikía ist ein besonderes Kleinod der Vulkaninsel Níssyros.

10 Zur »heilige Insel« Pátmos – Auf den Spuren des Evangelisten Johannes

Charakteristik: Pátmos ist nicht nur für Gläubige ein wichtiger Pilgerort, auch seine abgelegenen Strände sind begehrte Ziele für Besucher; **Vermittlung von Unterkünften auf Pátmos:** Apollon, direkt am Hafen von Skála, Tel. 2 24 70/3 13 24, Fax 3 18 19; **Dauer:** Tagesausflug von Kos-Stadt aus mit schnellen Tragflächenbooten; ein mehrtägiger Aufenthalt ist jedoch empfehlenswert; **Einkehrmöglichkeit:** in allen genannten Orten und Häfen; **Karte:** ···⟩ S. 93

Läuft man mit dem Schiff in **Skála** ein, dem zentral gelegenen Hafen der Insel, so bietet sich dem Besucher ein eindrucksvolles Panorama: unten die quirlige Hafenstadt, hoch oben, fast ein wenig dem irdischen Treiben entrückt, die weißen Häuser der Chóra mit dem trutzigen Kloster in ihrer Mitte. Vor allem wer am Abend ankommt, wird ein einzigartiges Lichterspiel genießen können. Nicht selten liegen gleich mehrere Kreuzfahrtschiffe im oder außerhalb des Hafenbeckens, die große Besucherscharen für wenige Stunden an Land bringen. Reges Urlaubstreiben prägt denn auch diesen Hafenort mit seinen zahlreichen Hotels und Pensionen, Cafés, Tavernen und Geschäften.

Zwei Ziele stehen auf dem Programm aller Besuchergruppen: das Offenbarungs- und das Johanneskloster. Wer nicht mit einer Gruppe unterwegs ist, für die meist Busse auf den Weitertransport warten, kann diese Ziele sowohl zu Fuß, mit dem öffentlichen Bus, mit dem Taxi oder mit einem Motorroller oder Mietwagen erreichen, die im Hafen an mehreren Stellen angeboten werden. Für eine Rundreise über die Insel, die auch zu abgelegeneren Stränden führt, ist man auf jeden Fall auf ein motorisiertes Gefährt angewiesen.

Von Skála aus geht es in Serpentinen hoch in die Berge, fast nach jeder Kurve eröffnet sich eine neue Perspektive auf die Insel. Auf halber Strecke – den Parkplatz in einer Kurve übersieht man leicht – liegt das Offenbarungskloster (**Moní tis Apokálipsis**). Ziel der Besucher ist die **Grotte der Apokalypse**, um die herum das Kloster errichtet wurde. Hier hat, so will es die Legende, der Evangelist Johannes seine göttliche Offenbarung (Apokalypse) seinem Schüler Próchoras diktiert. In der rechten Wand befinden sich zwei mit Silber eingefasste Nischen, in die eine soll Johannes sein müdes Haupt gebettet, in die andere soll er während des Diktierens die Hand aufgestützt haben. Ein dreispaltiger großer Riss im Gestein wird als Symbol der heiligen Dreifaltigkeit verehrt (Mo, Mi, Fr, Sa 8.30–14, So, Di, Do 8.30–13 und 16–18 Uhr, Eintritt frei).

Chóra ···⟩ Johanneskloster

Gleich hinter der Bushaltestelle von Chóra geleiten Souvenirläden die Besucher hinauf zum Eingang des **Johannesklosters**. Ein Torwächter weist alle zurück, die seiner Meinung nach unziemlich gekleidet sind (Knie und Schultern müssen bedeckt sein). Das im 11. Jh. gegründete Kloster erfuhr in den folgenden Jahrhunderten zahlreiche An- und Umbauten, die ein in ihrer Gesamtheit verschachteltes Gebilde ergaben.

Unter einer Pechnase am Klostertor hindurch gelangt man in den mit farbigen Kieselsteinen ausgelegten Klosterhof. Zur Linken erstreckt sich die Hauptkirche der Anlage, das so genannte **Katholikon**. Dessen überdachte Vorhalle (Exonarthex) zeigt Wandmalereien aus den letzten drei Jahrhunderten. Die drei davon abgehenden holzgeschnitzten Türen stammen aus dem 17. Jh. Die rechte, meist verschlossene, führt in die Kapelle des Christódoulos mit dem Sarkophag des gleichnamigen Klostergründers. Die beiden anderen öffnen sich zum inneren geschlossenen Esonarthex. Die bereits stark angegriffenen Wandmalereien entstanden in der Zeit um 1600. Die Hauptkirche selbst, in Form einer Kreuzkuppelkirche errichtet, datiert noch aus den Anfängen der Klostergründung im 12. Jh. Teile des Fußbodens aus Steinmosaiken und Marmorplatten stammen aus einer alten Basilika (4. Jh.). Die hölzerne Ikonostase aus dem Jahr 1820 ist verschwenderisch mit Blattgold überzogen.

Die daneben liegende Schatzkammer des Klosters mit seltenen und wertvollen Reliquien ist Normalsterblichen leider nicht zugänglich. An die Südwand schließt die **Kapelle der Jungfrau Maria** an, deren hölzerne Ikonostase aus dem Jahr 1607 stammt. In dieser Kapelle konnte man sogar – einst übermalte – byzantinische Wandmalereien aus dem 12. Jh. freilegen. Über einen kleinen Innenhof erreicht man von hier aus das frühere **Refektorium**, den Speisesaal der Mönche, ebenfalls aus der Gründungszeit des Klosters. Rings um die langen Steintische sind zahlreiche Fresken zu sehen, die zum Teil aus dem 13. Jh. datieren. Zurück auf dem Klosterhof und vorbei an einem kleinen Verkaufs-

stand geht es nun Richtung Klostermuseum. Unterwegs kann man noch einen Blick in die **Alte Backstube** werfen und den riesigen Steinofen bewundern. Das **Museum** stellt einen Teil des reichen Klosterschatzes aus, darunter zahlreiche wertvolle Handschriften und Bücher – das älteste Manuskript ist ein Purpurkodex aus dem 6. Jh. –, Ikonen, liturgische Gewänder und Kirchengerät (So 10–13 und 16–18, Mo, Mi, Fr, Sa 8–13, Di, Do–13 und 16–18 Uhr; Eintritt 1,50 €).

Doch auch jenseits des Klosters ist Chóra einen Spaziergang wert. Hinter den meist weiß gekalkten Fassaden an schmalen Gassen verbergen sich häufig vornehme Herrenhäuser mit reich bepflanzten Innenhöfen. Im Zentrum an der Platía Lesvías kann man bei Vangelis in einem romantischen Garten eine Stärkung zu sich nehmen oder das klassizistische Rathaus an der Platía Lóza bewundern. Zu Fuß gelangt man übrigens in 45 Minuten wieder zurück zum Hafen.

3,5 km südöstlich von Skála erstreckt sich mit **Grίkos** der zweite wichtige Urlaubsort der Insel. Der lang gezogene Sandstrand ist von Tamarisken gesäumt, Tavernen und Unterkunftsmöglichkeiten sind in Hülle und Fülle vorhanden. In südlicher Richtung folgen um eine lagunenartige Landschaft herum noch mehrere einladende Kieselsteinstrände. Der beliebteste Strand der Insel, **Psilí Ámos**, ist nur zu Fuß (eine Stunde von Grίkos) oder mit dem Boot ab Skála erreichbar. Eine herrliche mit Tamarisken bepflanzte Sandbucht und eine idyllisch gelegene Taverne entschädigen für die Mühe.

Einen Besuch wert ist das Nonnenkloster **Monítou Evangelismoú** westlich von Chóra. Vom blumenübersäten Innenhof genießt man einen weiten Blick über die Hügellandschaft. Die Nonnen verkaufen selbst hergestellten Thymianhonig und Stickereien mit byzantinischen Mustern (tgl. 9–11 und 17–17.30 Uhr während der Messe).

Die Fahrt von Skála in den Norden der Insel führt zu mehreren hübschen Stränden, die alle zu einem erfrischenden Bad in den Fluten einladen.

Die Bucht von **Meloi** liegt nur 2,5 km von Skála entfernt; hier befin-

Einsame Buchten mit bunten Kieselsteinen und glasklarem Wasser versprechen auf Pátmos ungetrübte Urlaubsfreuden.

det sich auch der einzige und sehr schöne kleine Campingplatz von Pátmos. Im dazugehörigen Restaurant kann man übrigens gut und preiswert essen. Hier wie in der folgenden Bucht **Agriolivádi** spenden Tamarisken etwas Schatten auf dem Sand-/Kiesstrand.

Mehrere Tavernen, Liegestühle und Sonnenschirme warten am Strand von **Kámbos** auf Gäste. Weitere kleine Strände östlich davon sind am besten zu Fuß zu erreichen. Ganz im Norden, acht Kilometer vom Hafen Skála entfernt, erstreckt sich die Bucht von **Lámbi**. Der Strand ist vor allem für seine extravaganten Kieselsteine bekannt, die bei Sammlern begehrt sind. In der kleinen Taverne direkt am Meer unter Tamarisken sitzend sollte man sich die Spezialität des Hauses, am Tisch flambierten Käse, auf keinen Fall entgehen lassen.

Kirchturmglocke in Skála, dem Hafen der Insel Pátmos.

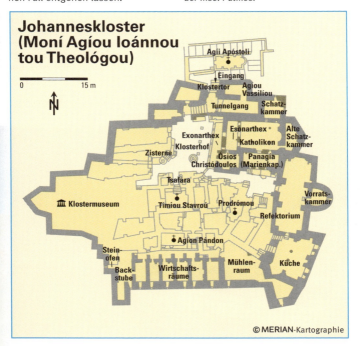

Badeausflug nach Psérimos – Eiland der leisen Töne

Charakteristik: ein Badeausflug an einen feinsandigen Strand; **Dauer:** Tagestour; **Einkehrmöglichkeit:** zahlreiche hübsche Tavernen und Cafés auf Psérimos; **Karte:** ···⟶ Umschlagkarte vorne

Das kleine Eiland, zwischen Kos und Kálymnos gelegen, wird im Sommer von Kos-Stadt und Póthia auf Kálymnos angesteuert.

Am späten Vormittag, wenn die Boote anlegen, bevölkert sich der Strand der Insel rasch. Unglaublich schnell sind die wenigen Tavernen von Tagesgästen belegt, reihen sich Besucher eng an eng am feinsandigen Strand.

Außergewöhnlich lebhaft geht es jedes Jahr am 14. August auf der Insel zu: Dann wird das Fest Mariä Himmelfahrt gefeiert, und von den Nachbarinseln kommen zahlreiche Besucher. Am späten Nachmittag hat der Spuk dann ebenso schnell wieder ein Ende. Große Sehenswürdigkeiten hat die kaum 16 qkm große Insel auch nicht zu bieten, und dennoch steht eine Reihe von Gästezimmern zur Verfügung für all diejenigen, die einen geruhsamen Urlaub verbringen wollen. Hier stört kein lärmender Autoverkehr die Ruhe.

Die wenigen Einwohner der Insel, die erst seit wenigen Jahren an das Stromnetz angeschlossen ist, leben von ihren Schafen und Ziegen, vom Fischfang und der Honiggewinnung. Doch seit einigen Jahren hat der Tourismus an Bedeutung zugenommen. Das Wasser beziehen die Inselbewohner von einer Quelle in den Bergen; das Quellhaus ist in einem halbstündigen Spaziergang vom Ort aus zu erreichen, von hier aus lässt sich ein schöner Blick auf die unten gelegene Bucht werfen. Auf der Insel gibt es noch einige weitere kleine Sandbuchten zu entdecken.

Neben Kos-Stadt ist der Hafen von Póthia auf Kálymnos einer der Ausgangspunkte, von denen die kleine Insel Psérimos angesteuert wird.

LIEBER GUT GEFÜHRT ALS DUMM GELAUFEN.

MOBILE NAVIGATION MIT REISEFÜHRER BEI WWW.MERIAN.DE

| ERIAN | live! | guide | kompass | scout | map |

Mit smart2go™ geht's einfach los: Speicherkarte ins Smartphone oder den Pocket PC stecken, den mitgelieferten GPS-Empfänger aktivieren und schon läuft die mobile Navigation. MERIAN *scout* macht Ihren Personal Navigator auch zum Reiseführer! Die besten Restaurants, Hotels, Tipps zu Designer und Factory Outlets – schon alles drin im smart2go™ Paket. Mehr Informationen und den Shop finden Sie unter **WWW.MERIAN.DE**

MERIAN *scout*
Die Lust am Reisen

Wissenswertes über Kos

In der aus dem 18. Jahrhundert stammenden Defterdar-Moschee in Kos-Stadt sind heute Geschäfte und Cafés untergebracht.

Hier findet der Urlaubsgast wichtige Adressen, Informationen zur Geschichte, zur Sprache, zu den Essgepflogenheiten und vieles andere Nützliche: von A wie Anreise bis Z wie Zoll.

Jahreszahlen und Fakten im Überblick

Ca. 3500 v. Chr.
Erste nachgewiesene Siedlungsspuren auf Kos und den Nachbarinseln.

1600 v. Chr.
Kretische Minoer gründen auf Kos eine Kolonie mit Hafen.

1200 v. Chr.
Kos und einige Nachbarinseln nehmen nach Homer mit 30 Schiffen am Trojanischen Krieg teil.

Ca. 1100 v. Chr.
Die Dorer besiedeln vom Peloponnes aus Kos und seine Nachbarinseln.

529 v. Chr.
Kos wird dem persischen Machtbereich einverleibt.

477 v. Chr.
Kos tritt dem attisch-delischen Seebund bei und gerät unter den Einfluss Athens.

460 v. Chr.
Der berühmte Arzt Hippokrates wird auf Kos geboren. Wenig später wird das Asklepieion errichtet, das sich rasch zu einem berühmten Heil- und Kurzentrum entwickelt.

431–404 v. Chr.
Peloponnesischer Krieg mit wechselnden Bündnispartnern.

366 v. Chr.
Gründung der neuen Inselhauptstadt an der Stelle des heutigen Kos-Stadt.

336–323 v. Chr.
Herrschaft Alexanders des Großen und damit Eingliederung ins Makedonische Reich.

323–82 v. Chr.
Hellenistische Zeit. Kos wird zeitweilig von den Ptolemäern in Ägypten regiert.

200–197 v. Chr.
Kos muss im zweiten makedonischen Krieg schwere Niederlagen hinnehmen und bemüht sich um eine Annäherung an Rom.

82 v. Chr.
Kos wird ein Bestandteil des Römischen Reiches.

1. Jh.
Missionsreisen des Apostels Paulus führen auch nach Kos, das Christentum findet dort erste Anhänger. Verfolgung der Christen durch den römischen Staat.

313
Durch das Toleranzedikt Kaiser Konstantin I. werden die Christen vor weiteren Verfolgungen geschützt.

395
Bei der Teilung des Römischen Reiches fällt die Insel Kos an Ostrom, das spätere Byzantinische Reich mit Konstantinopel als Hauptstadt. Bis ins Jahr 1307 gehört Kos mit kurzen Unterbrechungen zu Byzanz.

554
Ein starkes Erdbeben richtet schwere Verwüstungen auf Kos an, unter anderem wird das Asklepieion, die Wirkungsstätte des Arztes Hippokrates, zerstört.

612
Sarazenen plündern die Insel.

8.–9. Jh.
Kos leidet unter immer wiederkehrenden Überfällen durch fremde Seemächte und Piraten.

1054
Offizielle Trennung der römisch-katholischen Kirche von der orthodoxen Glaubensgemeinschaft.

Geschichte

1204
Die Venezianer erobern Konstantinopel und werden die neuen Herrscher über Kos.

1304
Nach Rückeroberung durch Byzanz im Jahre 1262 muss das geschwächte Byzantinische Reich Kos an die Genueser abtreten.

1309
Die Genueser verkaufen Kos und die benachbarten Inseln an den Ritterorden der Johanniter, nachdem diese zuvor die Insel Rhodos erobert hatten.

1457
Erste Landung türkischer Truppen auf Kos.

1523
Nach zahlreichen Kämpfen und Belagerungen durch türkische Truppen fällt die gesamte Insel endgültig ans Osmanische Reich.

1821
Ausbruch der griechischen Erhebung gegen die türkische Herrschaft. Die Inseln des Dodekanes verbleiben zunächst im Osmanischen Reich.

1912
Italienische Truppen landen auf Kos und vertreiben die letzten türkischen Soldaten. Nur rein formell bleibt die Insel Teil der Türkei.

1923
Mit dem Vertrag von Lausanne wird Kos offiziell Teil des italienischen Staates. Léros wird unter den Faschisten zum wichtigsten Kriegshafen der Italiener im östlichen Mittelmeer ausgebaut. Die Italiener errichten zahlreiche Bauten in Kos-Stadt.

1933
Ein schweres Erdbeben am 23. April 1933 legt große Teile der Hauptstadt in Schutt und Asche.

1943
Deutsche Truppen besetzen Kos und die Nachbarinseln. Vermeintliche griechische Widerstandkämpfer werden ermordet. Die Juden von Kos werden in Konzentrationslager abtransportiert und ebenfalls grausam ermordet. Terror und Hunger beherrschen die Insel.

1945
Am 9. Mai wird die Insel den Engländern übergeben.

1948
Am 7. März werden alle Inseln des Dodekanes und damit auch Kos Teil Griechenlands.

1967–1974
Während der Militärdiktatur dient Léros als Gefangeneninsel, auf der politische Häftlinge unter furchtbaren Umständen eingesperrt werden.

1981
Griechenland wird gleichberechtigtes Mitglied der EG. Regierung der sozialistischen PASOK unter Andréas Papandréou.

1989
Wahlsieg der Konservativen unter Konstantinos Mitsotákis.

1993
Erneut übernimmt die sozialistische PASOK bei Neuwahlen die Macht.

2000
Die griechische Regierung verstärkt ihre wirtschaftlichen Anstrengungen, die Maastricht-Kriterien zu erfüllen. Beitritt zur Europäischen Währungsunion am 1. Januar 2001.

2002
Der Euro ist das alleinige gesetzliche Zahlungsmittel in Griechenland.

2004
Griechenland ist Gastgeber der Olympischen Spiele.

Nie wieder sprachlos

In allen größeren Hotelanlagen wird auch Deutsch gesprochen, in kleineren Hotels, in Restaurants und Souvenirgeschäften von Fall zu Fall. Hauptverkehrssprache im Tourismus ist Englisch. Orts- und Straßenschilder weisen fast immer eine Umschrift in lateinischen Buchstaben auf. Für diesen Reiseführer wurde nicht die international normierte Umschrift aus dem Griechischen gewählt, sondern eine, die deutschsprachigen Reisenden die richtige Aussprache griechischer Wörter möglichst erleichtert. So schreiben wir nicht nach traditioneller Art »gyros«, sondern »gíros«. Der Akzent zeigt die betonte Silbe an, mit einem Vokal beginnende, groß geschriebene Wörter (Eigen- und Ortsnamen) ohne Akzent werden stets auf der ersten Silbe betont. Für die Verständlichkeit ist richtige Betonung meist wichtiger als eine korrekte Aussprache! Als Faustregel für die Aussprache gilt, dass alle Silben kurz und die Vokallaute offen ausgesprochen werden.

Zum kleinen Grundwortschatz sollten die Zauberwörter »efcharistó« (danke), »parakaló« (bitte) und »signómi« (Entschuldigung) gehören und als Ausdruck von vielseitiger Verwendbarkeit »jássas«. Das sagt man zur Begrüßung (wie »Guten Tag«, »Grüß Gott« und »Grüezi«), zum Abschied (wie »Tschüs«, »Servus« und »Ade«), beim Heben der Gläser (»Prosit«) und wenn das Gegenüber niest – »Gesundheit« –, was denn auch die Grundbedeutung dieses Wortes ist. Die Griechen freuen sich, wenn ihre Besucher sich bemühen, zumindest einige Floskeln in der Landessprache zu beherrschen. Probieren Sie es einfach einmal!

Das griechische Alphabet

Groß-buch-stabe	Klein-buch-stabe	Name	Ausspracheregeln	Um-schrei-bung
Α	α	álfa	kurzes a wie in »Hand«	a
Β	β	wíta	w wie »Wonne«	w
Γ	γ	gámma	j wie in »Jonas« vor den Vokalen -i und -e, weiches g vor den übrigen Vokalen	j, g
Δ	δ	délta	wie stimmhaftes engl. th, z. B. in »the«	d, D
Ε	ε	épsilon	e wie in »Bett«	e
Ζ	ζ	síta	stimmhaftes s wie in »Rose«	s
Η	η	íta	kurzes i wie in »Ritt«	i
Θ	θ	thíta	wie stimmloses engl. th, z. B. in »thanks«	th
Ι	ι	jóta	i wie in »Ritt«	i
Κ	κ	káppa	k wie im Französischen »col«	k
Λ	λ	lámbda	l wie im Deutschen	l
Μ	μ	mi	m wie im Deutschen	m
Ν	ν	ni	n wie im Deutschen	n
Ξ	ξ	ksi	ks wie »Axt« oder »Lachs«	x

Groß- buch- stabe	Klein- buch- stabe	Name	Ausspracheregeln	Umschreibung
O	o	ómikron	o wie »oft«	o
Π	π	pi	p wie im Französischen »pomme«	p
P	ρ	ro	Zungenspitzen-R wie im Italienischen	r
Σ	σ,ς	sigma	stimmloses s wie in »Tasse«; stimmhaftes s wie in »Rose« vor stimmhaften Konsonanten	s, ss s
T	τ	taf	t wie im Französischen »tableau«	t
Y	υ	ípsilon	kurzes i wie in »Ritt« w wie in »Wonne« nach Alpha und Epsilon, wenn ein stimmhafter Konsonant folgt f wie in »Fehler« nach Alpha und Epsilon, wenn ein stimmloser Konsonant folgt	i w f
Φ	φ	fi	f wie in »Fehler«	f
X	χ	chi	ch wie in »ach« vor a-, o- und u-Lauten sowie vor Konsonanten ch wie in »ich« vor e- und i-Lauten	ch ch
Ψ	ψ	psi	ps wie in »Pseudonym«	ps
Ω	ω	ómega	o wie in »oft«	o

Buchstabenkombinationen

AI	αι	álfa-jóta	e wie in »Bett«	e
EI	ει	épsilon-jóta	i wie in »Ritt«	i
OI	οι	ómikron-jóta	i wie in »Ritt«	i
OY	ου	ómikron-ípsilon	u wie in »bunt«	u
AY	αυ	álfa-ípsilon	af wie in »Affe« vor stimmlosen Konsonanten, in allen anderen Fällen aw wie in »Avus«	af aw
EY	ευ	épsilon-ípsilon	ef wie in »Effekt« vor stimmlosen Konsonanten, in allen anderen Fällen ew wie in »Beweis«	ef ew
ΓΓ	γγ	gamma-gamma	ng wie in »lang«	ng
ΓX	γχ	gamma-chi	Lautkombination ngch	ngch
MΠ	μπ	mi-pi	In Fremdwörtern (meist am Wortanfang) wie deutsches b, in Wortmitte (außer bei Fremdwörtern) mb wie in »Amboss«	b mb
NT	ντ	ni-taf	wie oben: in Fremdwörtern ... wie deutsches d, im Wortinneren ... wie nd in »Anden«	d nd
ΓK	γκ	gamma kappa	wie oben: in Fremdwörtern ... wie deutsches g, im Wortinneren ... wie ng in »lang«	g ng

Wichtige Wörter und Ausdrücke

Alle griechischen Worte sind in Lautschrift wiedergegeben.

ja	*nä*
nein	*óchi*
vielleicht	*íssos*
bitte	*parakaló*
danke	*efcharistó*
Wie bitte?	*Oríste?*
und	*kä*
Ich verstehe nicht	*Denn katalawéno*
Entschuldigung	*Signómi*
Guten Morgen	*Kaliméra*
Guten Tag	*Kaliméra*
Guten Abend	*Kalispéra*
Gute Nacht	*Kaliníchta*
Hallo	*jássas*
Herein!	*Embrós!*
Ich heiße	*Mä léne ...*
Ich komme aus ...	*Íme ápo ...*
Wie geht's	*Ti kánete?*
Danke, gut	*kalá*
Wie spät ist es?	*Ti ora ine?*
wer, was, welcher	*pjoss, ti, pjoss*
wie viel	*pósso*
Wo ist ...	*Pu íne ...*
wann	*pótte*
Wie lange	*Possón keró*
stündlich	*káthe óra*
täglich	*káthe méra*
Sprechen Sie Deutsch?	*Miláte jermaniká?*
Sprechen Sie Englisch?	*Miláte angliká?*
Auf Wiedersehen	*adío*
Wie wird das Wetter?	*Poss tha íne o keróss?*
heute	*símera*
morgen	*áwrio*

Zahlen

eins	*énnas, mía, énna*
zwei	*dío*
drei	*tris, tría*
vier	*tésseris, téssera*
fünf	*pénde*
sechs	*éksi*
sieben	*eftá*
acht	*októ*
neun	*ennéa*
zehn	*dékka*
20	*íkossi*
30	*triánda*
40	*saránda*
50	*penínda*
60	*eksínda*
70	*efdomínda*
80	*okdónda*
90	*ennenínda*
100	*ekkató*
1000	*chíljes*
10 000	*dékkachiljádes*
1 000 000	*énna ekkatomírio*

Wochentage

Montag	*deftéra*
Dienstag	*tríti*
Mittwoch	*tetárti*
Donnerstag	*pémpti*
Freitag	*paraskewí*
Samstag	*sáwato*
Sonntag	*kiriakí*

Mit und ohne Auto unterwegs

Wie weit ist es nach ...	*Pósso makriá ine ja ...*
Wie kommt man nach ...	*Poss póro na páo ja ...*
Wo ist ...	*Pu íne ...*
die nächste Werkstatt	*to sinerjío edó kondá*
der Bahnhof/ Busbahnhof	*o stathmós/ o stathmós leoforíon*
eine U-Bahn	*énne stathmós tu elektrikú*
der Flughafen	*o aeropórto*
die Touristen-information	*to praktorío turistikón pliroforíon*
die nächste Bank	*mía trápesa edó kondá*
die nächste Tankstelle	*énna wensinádiko edó kondá*
Ich möchte ...	*Tha íthela ...*
Ich will ...	*Thélo ...*
Wissen Sie ...?	*Ksérete ...?*
Haben Sie ...?	*Échete ...*
Wo finde ich ...	*Pu íne edó ...*
– einen Arzt	*– énna jatró*
– eine Apotheke?	*– énna farmakío?*
Bitte voll tanken!	*Jemíste, parakaló*

Normalbenzin	*wensíni aplí*
Super	*supér*
Diesel	*petrélio*
bleifrei	*amóliwdi*
rechts/links/ geradeaus	*deksjá/aristerá/ efthía*
Ich möchte ein Auto/ein Fahrrad mieten	*Thélo na nikjásso enna aftokínito/ énna podilato*
Ich möchte wechseln ...	*Thélo na alákso*
Wir hatten einen Unfall	*Íchame énna atíchima*
Eine Fahrkarte nach ... bitte	*Énna issitírjo ja ...m parakaló*
Hafen	*limáni*
Motorrad	*motosikléta*
Öl	*ládi*
Parkplatz	*parking*
Panne	*wláwi*

Hotel

Ich suche ein Hotel	*Psáchno énna ksenodochío*
Ich suche ein Zimmer	*Psáchno énne domátjo*
– für 2/3/4 Personen	*– ja dio/tría/ téssera átoma*
Haben Sie ein Zimmer frei?	*Échete enna domátjo léfthero?*
– für eine Nacht	*– ja mía níchta*
– für zwei Tage	*– ja dio méres*
– für eine Woche	*– ja mía ewdomáda*
Ich habe ein Zimmer reserviert	*Éklissa énna domátjo*
– mit Frühstück	*– mä pro-i-nó*
– mit Halbpension	*– mä énna jéwma*
Kann ich das Zimmer sehen?	*Bóro na to do?*
Ich nehme das Zimmer	*Na to páro*
Kann ich mit Kreditkarte zahlen?	*Bóro na plirósso mä pistotiki kárta?*
Haben Sie noch Platz für ein Zelt/einen Wohnwagen?	*Ipárchi akóma méros ja mía skiní/énna trochóspito?*

Restaurant

Die Speisekarte bitte	*Ton katálogo, sass parakaló*
Die Rechnung bitte	*Ton logarjasmó, parakaló*
Alles zusammen, bitte	*Ólla masí, parakaló*
Ich hätte gern einen Kaffee/ einen Löffel	*Tha íthela énna kaffé/ énna kutáli*
Ist dieser Stuhl noch frei?	*Íne eléftheri aftí í thési?*
Wo sind die Toiletten?	*Pu íne i tualéttes?*
Damen/Herren	*jinékes/ándres*
Kellner	*garssón*
Frühstück	*pro-i-nó*
Mittagessen	*jéwma*
Abendessen	*dípno*

Einkaufen

Wo gibt es ...?	*Pu échi, pu ipárchi ...?*
Haben Sie ...?	*Échete ...?*
Wie viel kostet das?	*Pósso échi/pósso kostísi?*
Das ist sehr teuer	*Íne polí akriwó*
Geben Sie mir bitte	*Dóste mu, sass parakaló*
100 g/ein Pfund/ ein Kilo	*ekkató grammária/ mísso kiló/énna kiló*
Danke, das ist alles	*Aftá, efcharistó*
geöffnet/ geschlossen	*aniktó/klistó*
Bäckerei	*artopiío, fúrnos*
Kaufhaus	*polikatástima, emborikó*
Metzgerei	*kreopolío*
Lebensmittelgeschäft	*pandopolío, míni-márket*
Briefmarken für einen Brief/ eine Postkarte	*grammatóssima ja éna grámma/ ja mía kárta*
nach Deutschland/Österreich/in die Schweiz	*ja tin jermanía/ ja tin afstría/ ja tin elwetía*
eine Telefonkarte	*mía tilekárta*

Die wichtigsten kulinarischen Begriffe

A

aláti (αλάτι): Salz
angúrja saláta (αγγούριασαλάτα): Gurkensalat
arnáki (αρνάκι): Lamm
– *fassolákja (αρνάκι φασολάκια):* Lammfleisch mit grünen Bohnen
arakádes (αρακάδες): Erbsen
arní (αρνί): Hammel
– *patátes (αρνί πατατες):* Hammel mit Kartoffeln
– *piláfi (αρνί πιλάφι):* Hammel mit Reis
arsinósalata (αρσινόσαλατα): Seeigel-Salat
áspro krassí (άσπρο κρασί): Weißwein
astakós (αστακός): Hummer
awgó, awgá (αυγό, αυγά): Ei, Eier

B

bakaljáros (μπακαλιάρος): gekochter Stockfisch
baklavas (μπακλαβας): Nachtisch aus Blätterteig mit Nüssen, Mandeln, Pistazien und Honig
bamjés (μπαμιέσ): Okra-Schoten
barbúnia (μπαρμπούνια): Rotbarben
bira (μπύρα): Kotelett
brisóla (μπρισόλα): Kotelett

C

chirinó (χοιρινό): Schwein
choriátiki (χωριάτικι): Bauernsalat mit Schafskäse
chórta (χόρτα): grünes Gemüse
chtapódi (χταπόδι): Krake

D

diáfora orektiká (διάφορα ορεκτικά): gemischte Vorspeisen
dolmádes (ντολμάδες): mit Reis und Hackfleisch gefüllte Weinblätter
domatósupa (ντοματόσοθπα): Tomatensuppe
dsadsíki (τζατζίκι): Jogurt mit geriebener Gurke, Knoblauch, Zwiebeln und Olivenöl

E

eljés (ελιές): Oliven
entrádes (εντπάδες): Eintopf- und Fertiggerichte

F

fassoláda (φασολάδα): Bohnensuppe
fassólja (φασόλια): Bohnen
féta (φέτα): weißer Schafkäse
fráules (φράουλες): Erdbeeren
frúta (φρούτα): Obst

G

gála (γάλα): Milch
gasósa (γκαζόζα): süßer Sprudel
garídes (γαρίδες): Tiefseekrabben
gigándes (γιγάντες): Saubohnen
gíros (γίρος): Geschnetzeltes vom Drehspieß
gliká (γλυκά): Süßspeisen
glóssa (γλώσσα): Seezunge
gurunópoulo (γουρουνόπουλο): Spanferkel

I/J

Jaúrti anjeládos (γιούρτι αγελάδος): Jogurt aus Kuhmilch
– *práwjo (πρόβειο):* Jogurt aus Schafsmilch
jemistés (γεμιστές): gefüllte Tomaten und Paprikaschoten

K

kafés (καφές): griechischer Kaffee
– *dipló (διπλό):* doppelte Portion
– *glikó (γλυκό):* süß
– *métrio (μέτριο):* leicht gesüßt
– *skétto (σκέττο):* ungesüßt
kalamarákja (καλαμαράκια: Tintenfische
karawídes (καραβίδές): Krebse
karídi (καρύδι): Walnuss
karpúsi (καρπούσι): Wassermelone
kefalotíri (κεφαλοτύρι): Hartkäse
keftédes (κεφτέδες): Hackfleischbällchen
kerássja (κεράσια): Kirschen
kimá (κυμά): Hackfleisch
kokkinistó (κοκκθνιστό): geschmort

kokorédsi (κοκορέτσι): am Spieß gegrillte Innereien
kolokidálka (κολοκυδάκια): Zucchini
kotópulo (κοτόπουλο): Huhn
krassí (κρασί): Wein
kréas (κρέας): Fleisch
kunéli (κουνέλι): Kaninchen

L
lachanikó (λαχανικό): Gemüse
láchanosaláta (λαχανοσαλάτα): Krautsalat
ládi (λάδι): Öl
laderá (λαδερά): Ölgebackenes
lemóni (λεμόνι): Zitrone
loukániko (λουκάνικα): stark gewürzte Bratwurst
lukanikópitta (λουκανικόπιττα): Würstchen im Schlafrock

M
manitárja (μανιτάρια): Pilze
manúri (μανούρι): Schafkäse
marides (μαρίδες): Sardellen
máwro krassí (μαύρο κρασί): Rotwein
meli (μέλι): Honig
melidsánes (μελιτζάνες): Auberginen
melidsánosaláta (μελιτζάνοσαλάτα): kaltes Auberginenpüree
mesé (μεσέ): kalte und warme Vorspeisen
metallikó neró (μεταλλικό νερό): Mineralwasser ohne Kohlensäure
mídja (μύδια): Muscheln
misíthra (μυζύθρα): Quark
moss chári (μοσχάρι): Kalb
mussakás (μουσακάς): Auberginenauflauf mit Hackfleisch, Kartoffeln und Béchamel-Sauce

N
neró (νερό): Wasser
nescafé νεσκαφέ): Instant-Kaffee
– frappé (φραππέ): kalt
– sestó (ζεστό): heiß

O
orektiká (ορεκτικά): Vorspeisen
oúzo (ούζο): Anisschnaps

P
païdákja (παϊδάκια): Lammkoteletts
– s'cháras (σχάρας): gegrillte Lammkoteletts
pastítsio (παστίτσο): aus Nudeln, Hackfleisch und Tomaten geschichteter Auflauf
patátes (πατάτες): Kartoffeln
– tiganités (τηγανιτές): Pommes frites
piláfi (πιλάφι): Reis
portokáli (πορτοκάλι): Orange
psári, psárja (ψάρι, ψάρια): Fisch, Fische
psitó (ψητό): gebraten
psomí (ψωμί): Brot

R
rakí (ρακί): Tresterschnaps
rénga (ρέγγα): Hering
retsína (ρετσίνα): geharzter Wein
rísi (ρύζι): Reis
risógalo (ρυζόγαλο): Milchreis
rodákino (ροδάκινο): Pfirsich

S
saganáki (σαγγανάκι): gegrillter Schafkäse
saláta (σαλάτα): Salat
sardélles (σαρδέλλες): eingelegte Sardellen, kalte Vorspeisen
síka (σύκα): Feigen
simariká (ζυμαρικά): Nudel- und Reisgerichte
skumbrí (σκουμπρί): Makrele
spanáki (σπανάκι): Spinat
spanakópitta (σπανακόπιττα): Spinatpastete
stifádo (στιφάδο): eine Art Gulasch aus Rindfleisch mit Zwiebeln, gewürzt mit Zimt und Lorbeeren
sudsukákja (σουτζουκάκια): Hackfleischwürstchen in Sauce
súpa awgolémono (σούπα αυγολέμογο): Brühe mit Reis, Eiern und Zitrone
suwlákja (σουβλάκια): Schweinefleischspießchen

T
taramosaláta (ταραμοσαλάτα): Fischrogenpüree

Nützliche Adressen und Reiseservice

AUF EINEN BLICK
Fläche: 290 qkm
Lage: Kos gehört zu den Dodekanes-Inseln. Die Entfernung zur türkischen Küste beträgt 7 km.
Ausdehnung: Kos ist knapp 40 km lang und ca. 10 km breit.
Einwohnerzahl: ca. 22 000
Staatsform: Kos ist Bestandteil Griechenlands.
Sprachen: Griechisch
Religion: mehrheitlich christlich-orthodox, eine kleine Minderheit ist muslimischen Glaubens.
Wirtschaft: Der Tourismus ist mittlerweile der wichtigste Wirtschaftszweig auf Kos und seinen Nachbarinseln. Die Bedeutung des Fischfangs ist aufgrund der Überfischung des Mittelmeers stark zurückgegangen, und auch die Landwirtschaft stellt nur noch einen bescheidenen Erwerbszweig dar.

ANREISE

Mit dem Flugzeug

Von fast allen größeren Flughäfen in Deutschland, Österreich und der Schweiz kann man während der Sommermonate mit preisgünstigen **Charterflügen** nach Kos reisen. Die Preise für ein Flugticket liegen zwischen 250 und 450 € je nach Reisezeit, Veranstalter und Abflugsort. Kurzentschlossene können manchmal auf Last-Minute-Angebote zurückgreifen, da kann dann schon einmal ein Schnäppchen für 150 € dabei sein. Die Flugzeit nach Kos beträgt, je nach Abflugsort, zwischen zwei und vier Stunden.

Die Insel ist auch per **Linienflug** zu erreichen, allerdings muss man dafür auf jeden Fall in Athen umsteigen und erheblich teurere Tickets in Kauf nehmen. Ein innergriechischer Anschlussflug von Athen nach Kos kostet ca. 70 € und dauert knapp eine Stunde. Vor allem während der Sommermonate und um die Zeit des orthodoxen Osterfestes sind rechtzeitige Vorbuchungen bei den Vertretungen der nationalen Fluggesellschaft **Olympic Airways** erforderlich.

Sollten zum gewünschten Urlaubstermin sämtliche Charterflüge nach Kos ausgebucht sein, so besteht noch die Möglichkeit, auf die Nachbarinsel Rhodos zu fliegen und von dort Kos mit einem schnellen Tragflächenboot oder per Inlandsflug anzusteuern.

Der **Flughafen** von Kos liegt fast in der Mitte der Insel unmittelbar neben dem Ort Andimáchia, so dass man in relativ kurzer Zeit sein Hotel erreichen kann, egal an welchem Punkt der Insel man untergebracht ist. Auf den Pauschalreisenden warten dort normalerweise **Transferbusse** für den Weitertransport zur gebuchten Unterkunft. Die Hauptstadt liegt 25 km entfernt, ein Taxi dorthin kostet ca. 12 €. Für den Rückflug sollte man als Individualreisender rechtzeitig ein Taxi vorbestellen, am besten schon am Vortag der Abreise.

Olympic Airways
---> Umschlagkarte hinten, c 5
Odós Vassiléos Pávlou 22, Kos-Stadt,
Tel. 2 24 20/2 83 31

Mit dem Schiff

Wer über genügend Zeit verfügt, die Anreise mit dem Flugzeug vermeiden und/oder unbedingt sein eigenes Auto mit nach Griechenland nehmen möchte, der sollte die Anreise mit Schiff und PKW über Italien ins Auge fassen. Eine Direktverbindung mit dem Schiff von Italien nach Kos gibt es allerdings nicht. Von mehreren italienischen Häfen aus (Ancona, Bari, Brindisi, Otranto, Triest, Venedig) setzen Fähren nach **Patras** auf dem griechischen Festland über. Von dort erreicht man mit dem Auto in etwa drei Stunden **Piräus,** den Hafen von Athen, wo während der Sommermonate täglich mindestens eine Fährverbindung nach Kos besteht. Vorabbuchung ist vor allem während der Sommermonate Juli und August äußerst ratsam, jedes gute Reisebüro kann diese Buchungen vornehmen und über die sehr häufig wechselnden Fahrpläne Auskunft geben.

Die Fahrzeiten von Italien nach Patras betragen je nach Abfahrtshafen und gewählter Linie 20 bis 36 Stunden. Die Kosten liegen bei rund 100 € für einen PKW und 35 bis 50 € für eine Deckpassage (einfache Fahrt). Von Piräus nach Kos ist man elf bis 15 Stunden unterwegs. Für ein Auto muss man mit etwa 75 € rechnen, eine Deckpassage kostet pro Person etwa 25 € (einfache Fahrt).

Mit Bus oder Bahn
Mit einer Fahrzeit von mindestens 40 Stunden sollte gerechnet werden.

Mit dem PKW
über Kroatien, Jugoslawien und Makedonien oder über die Strecke Ungarn, Rumänien und Bulgarien anzureisen war in den letzten Jahren wenig empfehlenswert, da Gefährdungen nicht auszuschließen waren. Über die aktuelle Situation auf diesen Anreisewegen sollte man sich am besten vor Urlaubsantritt bei den Automobilclubs informieren.

Auskunft
Griechische Zentrale für Fremdenverkehr

In Deutschland
- Neue Mainzer Str. 22, 60311 Frankfurt/Main; Tel. 0 69/23 65 61-63, Fax 23 65 76
- Wittenbergplatz 3a, 10789 Berlin; Tel. 0 30/2 17 62 62-63, Fax 2 17 79 65
- Neuer Wall 19, 20354 Hamburg; Tel. 0 40/45 44 98, Fax 44 96 48
- Pacellistr. 2, 80333 München; Tel. 0 89/22 20 35, Fax 29 70 58

In Österreich
Opernring 8, 1015 Wien;
Tel. 02 22/5 12 53 17, Fax 5 13 91 89

In der Schweiz
Löwenstr. 25, 8001 Zürich;
Tel. 01/2 21 01 05, Fax 2 12 05 16

Auf Kos
Städtisches Fremdenverkehrsbüro
···› Umschlagkarte hinten, e 4
Odós Vassiléos Georgíou 1;
Tel. 2 24 20/2 87 24, Fax 2 11 11; E-Mail: kosinfo@hol.gr; Juli/August tgl. 7.30–21 Uhr (sonst verkürzte Öffnungszeiten)

Auf Léros
Touristeninformation
Direkt am Kai im Hafen von Lakkí;
tgl. 9–12 Uhr und bei Ankunft der Fähren

Auf Pátmos
Städtische Tourismusinformation
Im Rückgebäude des Hafenamts;
Tel. 2 24 70/3 11 58, Fax 03 10 58

Bevölkerung
Auf Kos leben derzeit rund 22 000 Menschen. Die Hälfte von ihnen hat sich in Kos-Stadt niedergelassen. Die

---

MERIAN-Tipp
10 »Leuchtende Orangen«

»Die Insel des Hippokrates hat bisher noch jeden Besucher entzückt. Ob Dichter oder Wanderer, alle rühmten sie Kos wegen seiner grünen Üppigkeit und seiner Stille ... Kos ist die am besten geschützte und mit Recht die meistgerühmte Insel des Dodekanes.« Diese Zeilen entstammen dem Buch »Leuchtende Orangen« von Lawrence Durrell (rororo). Kos ist zwar nur in bescheidenem Umfang Gegenstand des Textes, doch ist Durrells Schilderung der Atmosphäre auf den Inseln kurz nach dem Zweiten Weltkrieg repräsentativ für die gesamte damalige griechische Inselwelt.

nächstgrößeren Ortschaften sind eher große Dörfer, so etwa Kéfalos mit seinen ungefähr 5000 oder Pilí mit etwa 1700 Einwohnern. Während der Sommermonate dagegen scheint die Insel regelrecht zu explodieren – bisweilen verbringen bis zu 60 000 Urlauber gleichzeitig ihren Urlaub auf der Badeinsel Kos.

BUCHTIPPS

Für einen Einstieg in Wesen und Geschichte der Griechen eignen sich die »Klassiker« von Nikos Kazantzakis, in erster Linie natürlich der mit Anthony Quinn in der Hauptrolle verfilmte Roman **»Alexis Sorbas«**, der in verschiedenen Auflagen unter anderem bei Rowohlt, Winkler und Piper erschienen ist. Weitere lesenswerte Romane von Kazantzakis sind **»Freiheit und Tod«**, **»Rechenschaft vor El Greco«** und **»Griechische Passion«** (alle Rowohlt).

DIPLOMATISCHE VERTRETUNGEN

Deutsche Botschaft
Odós Karaoúli ke Dimitríou 3, 10675 Athen; Tel. 2 10/7 28 51 11, Fax 7 25 12 05

Honorarkonsulat der Bundesrepublik Deutschland
Párodos Isiódou 12, 85100 Rhodos-Stadt; Tel./Fax 2 24 10/6 37 30

Österreichische Botschaft
Leofóros Alexándras 26, 10683 Athen; Tel. 2 10/8 21 10 36, Fax 8 21 98 23

Schweizer Botschaft
Odós Iassíou 2, 11521 Athen; Tel. 2 10/7 23 03 64, Fax 7 24 92 09

FEIERTAGE

An nationalen Feiertagen sind alle Büros, Banken, Behörden und Geschäfte – von Souvenirläden, Reisebüros und Autovermietungen abgesehen – geschlossen.
1. Januar Neujahr
6. Januar Dreikönigstag
25. März Tag der Unabhängigkeit
Ostern Das orthodoxe Osterfest fällt normalerweise nicht mit unserem Osterfest zusammen, da es auf dem Julianischen Kalender basiert. Die nächsten Termine: 22./23. 4. 2006; 7./8. 4. 2007. Auch Karfreitag und Ostermontag sind Feiertage.
1. Mai Tag der Arbeit
Pfingsten 50 Tage nach dem orthodoxen Osterfest
15. August Mariä Himmelfahrt
28. Oktober Òchi-Tag (Nationalfeiertag)
25./26. Dezember Weihnachten

FKK

Offiziell ist Nacktbaden verboten, wird jedoch an einigen abgelegenen Stränden toleriert. »Oben ohne« hat sich an den meisten Stränden weitgehend durchgesetzt. Man sollte sein Verhalten jedoch auf die jeweiligen Umstände abstimmen, da die Moralvorstellungen der meisten Griechen nicht unseren heimischen entsprechen.

FOTOGRAFIEREN

Beim Fotografieren von Einheimischen sollte man, wie überall, die not-

Nebenkosten in Euro	
1 Tasse Kaffee	1,00–2,50
1 Bier	1,70–3,00
1 Cola	1,00–2,00
1 Brot (ca. 500g)	0,50–1,00
1 Schachtel Zigaretten	2,00–2,50
1 Liter Benzin	0,80
Fahrt mit öffentl. Verkehrsmittel (Einzelfahrt)	1,00–1,50
Mietwagen/Tag	ab 40,00

Stand: November 2005

wendige Zurückhaltung wahren und lieber um Einverständnis bitten. Das Fotografieren von Flughafen, militärischen Anlagen und Militärfahrzeugen ist strengstens untersagt. In archäologischen Stätten darf man normalerweise fotografieren, in den Museen ist die Benutzung eines Blitzlichts allerdings nicht gestattet. Für die Verwendung von Videokameras muss eine gesonderte Gebühr entrichtet werden.

Vielerorts kann man auf der Insel Filme kaufen, auch werden Farbnegative zum Teil innerhalb von einer Stunde entwickelt. Schwieriger ist es, vor Ort Dia-Filme zu erhalten. Am besten bringt man sein Filmmaterial von zu Hause mit, denn häufig werden Filme in den Geschäften nicht sachgerecht gelagert. Teurer sind die Filme in Griechenland ohnehin.

Geld

Seit Januar 2001 ist auch Griechenland Mitgliedsstaat der Europäischen Währungsunion. Preise sind in diesem Reiseführer durchgängig in Euro angegeben.

Seit 1. Januar 2002 sind Euro-Banknoten und -Münzen im Umlauf. Die lästigen Wechselmodalitäten hatten damit ein Ende. Seit 1. Juli 2002 haben die einzelstaatlichen Währungen – also auch die griechische Drachme – ihre Gültigkeit als gesetzliche Zahlungsmittel verloren.

Banken sind Mo–Do 8–14, Fr 8–13.30 Uhr geöffnet. Bei einigen Banken kann man an Geldautomaten rund um die Uhr Bares abheben, so zum Beispiel in der National Bank in Kos-Stadt. Hier kann auch die Maestro-Karte mit Geheimzahl zum Einsatz kommen, ebenso die Visa und Mastercard. Auch **Postämter** nehmen Geldwechsel vor (Mo–Fr 7.30 bis 14.30 Uhr).

Kreditkarten wie Mastercard und Visa werden von vielen Hotels, Restaurants und Mietwagenfirmen akzeptiert. Devisen dürfen in beliebiger Höhe ein- und ausgeführt werden.

Internet

www.kos-info.com ist eine private Webseite über Kos und zeigt sehr viele Fotos von der Insel.

Die Webseite **www.schwarzauf weiss.de/kos/home.htm** gibt einen kurzen Überblick über die Insel für einen ersten Einstieg. www.kos.gr ist die offizielle Seite der Touristeninformation von Kos-Stadt, während

Entfernungen (in km) zwischen größeren Orten auf Kos

	Andimáchia	Asklepieion	Embrós-Thermen	Kardámena	Kéfalos	Kos-Stadt	Marmári	Mastichári	Pilí	Platáni
Andimáchia	–	26	37	8	18	25	11	5	12	24
Asklepieion	26	–	16	23	44	4	18	24	14	2
Embrós-Thermen	37	16	–	44	55	12	29	34	28	14
Kardámena	8	23	44	–	25	32	19	12	9	25
Kéfalos	18	44	55	25	–	43	29	23	29	42
Kos-Stadt	25	4	12	32	43	–	16	22	16	2
Marmári	11	18	29	19	29	16	–	10	5	16
Mastichári	5	24	34	12	23	22	10	–	11	23
Pilí	12	14	28	9	29	16	5	11	–	16
Platáni	24	2	14	25	42	2	16	23	16	–

www.biotoposkos.gr Informationen über die Region Psalidi gibt. **www.hippocrates.gr** schließlich bietet umfassende Informationen zu Hotels, Restaurants, Cafés, Bars, Kinos, Transportmitteln, Einkaufsmöglichkeiten etc. auf Kos.

KLEIDUNG

Auch in den heißen Sommermonaten sollte man wegen der mitunter frischen abendlichen Brise vom Meer her einen Pullover dabei haben. An felsigen Stränden und auf heißem Sand erweisen sich Badeschuhe als nützlich, eine Kopfbedeckung als Sonnenschutz ist angebracht. Vor allem im Frühjahr und Herbst gehören Regenschutz und wärmere Übergangskleidung ins Gepäck.

Wanderer sollten neben einer Wasserflasche feste Schuhe und lange Hosen nicht vergessen, da man sich am niedrigen Buschwerk leicht Verletzungen zuziehen kann.

MEDIZINISCHE VERSORGUNG

Eine medizinische Grundversorgung ist in Griechenland überall gewährleistet, jedoch liegt der Standard der medizinischen Betreuung unter dem bei uns üblichen. Bei schwereren Erkrankungen sind Rücktransport und Behandlung im Heimatland zu empfehlen. Griechenland hat mit Österreich und Deutschland ein Sozialversicherungsabkommen abgeschlossen, so dass die Behandlung im Prinzip kostenlos ist. Doch ist das Ganze eine etwas umständliche Prozedur: Sie beantragen vor Reiseantritt bei Ihrer Krankenkasse einen besonderen Berechtigungsschein, den Sie vor Ort bei der griechischen Krankenkasse IKA eintauschen müssen, die Ihnen dann Kassenärzte benennt. Wesentlich einfacher ist es, Sie schließen zu Hause eine private Krankenversicherung ab (ab 6 € pro Jahr), bezahlen die Arztkosten beim Arzt Ihrer Wahl bar und reichen dann die Quittung beim Versicherer ein. Behandlungen in Notfällen und in Ambulanzen sind für Ausländer kostenlos.

Apotheken (»Farmakion«) sind durch ein rotes Kreuz erkennbar. Hier bekommt man zahlreiche Medikamente rezeptfrei. Man sollte sich jedoch nicht darauf verlassen, jedes bei uns gängige Medikament auch in Griechenland zu erhalten.

NOTRUF

Überall auf Kos ist unter der Nummer 100 die Polizei zu erreichen.

POLITIK

Zwei große Parteien bestimmen das Geschehen in der politischen Landschaft. Auf der einen Seite die sozialdemokratische **PASOK**, auf der anderen die konservative **Néa Dimokratía**. Noch stärker als bei uns sind die politischen Parteien von Personen und weniger von Programmen geprägt.

Unabhängig von den Parteien ist die politische Diskussion neben den wie überall im Vordergrund stehenden wirtschaftlichen Problemen von einem Nationalismus geprägt, der im zusammenwachsenden Europa befremdlich wirkt.

POST

Das Porto für Briefe und Karten nach Mitteleuropa beträgt einheitlich 0,30 €. Mit einer Beförderungszeit von mindestens einer Woche muss gerechnet werden. An den Verkaufsstellen der Postkarten sind meist auch Briefmarken erhältlich, gegen einen kleinen Aufschlag. Postämter sind Mo–Fr 7.30–14.30 Uhr geöffnet.

REISEDOKUMENTE

Für Erwachsene genügt ein gültiger Personalausweis. Kinder unter 16 Jahren benötigen einen Kinderausweis mit Lichtbild oder einen Eintrag im Pass der mitreisenden Eltern.

REISEKNIGGE

Auch wenn die einheimische Bevölkerung einiges gewohnt ist: In Badehose und Bikini sollte man selbstverständlich nicht durch Dörfer und Städte laufen. Für den Besuch von Kirchen und vor allem Klöstern gelten besondere Bekleidungsvorschriften: Kurze Hosen und ärmellose T-Shirts und Blusen sind nicht erlaubt.

Reisewetter
Von Anfang Mai bis Ende Oktober herrscht auf Kos und den Nachbarinseln Saison. Das Wetter ist in dieser Zeit relativ stabil, also warm und trocken; im Frühjahr und Herbst sollte man allerdings auf Regenschauer gefasst sein. Vor allem während der Hauptreisezeit Juli und August steigt die Quecksilbersäule tagsüber oft auf weit über 30 °C an. Doch selbst in dieser Zeit sorgen Winde aus nördlicher und nordwestlicher Richtung für Abkühlung. In der übrigen Zeit bescheren sie häufig kühle Abende, für die man entsprechende Kleidung mitnehmen sollte.

Ab Mai erreicht das Meer Badetemperaturen, die bis in den Oktober hinein anhalten.

Bis auf wenige Ausnahmen haben in der Zeit von November bis April die meisten Hotels und Restaurants geschlossen, auch wenn häufig milde Temperaturen zu verzeichnen sind.

Sprache
In vielen Hotels und Restaurants wird Deutsch und Englisch gesprochen. Fast alle Schilder in den Urlauberregionen weisen nicht nur eine griechische Beschriftung, sondern auch eine Umschrift in lateinischen Buchstaben auf. Da Letztere selbst vor Ort häufig uneinheitlich ist (z. B. Pyli oder Pilí), wurden in diesem Reiseführer die griechischen Namen in Lautschrift geschrieben, um die richtige Aussprache zu erleichtern. Achten sollte man bei der Aussprache vor allem auf die richtige Betonung: Die mit einem Akzent versehene Silbe wird betont.

Gastgeber freuen sich, wenn man zumindest einige Höflichkeitsworte in der Landessprache beherrscht, was sicher nicht schwer fällt (→ Sprachführer S. 102).

Stromspannung
220 Volt Wechselstrom; die bei uns üblichen Stecker passen meist.

Telefon
Vorwahlnummern
D, A, CH → GR 00 30
GR → D 00 49
GR → A 00 43
GR → CH 00 41

Anschließend wählt man die Vorwahl der gewünschten Stadt, wobei deren erste Null wegzulassen ist.

Vorwahlen für die Inseln
Kos, Níssyros, Psérimos 2 24 20
Kálymnos 2 24 30
Léros, Pátmos 2 24 70

In Griechenland wurden vor kurzem alle Telefonnummern umgestellt. Die 0 der Vorwahl wird durch eine 2 ersetzt. Vor der Nummer des gewünschten Anschlusses muss immer die Vorwahl gewählt werden, egal ob es sich um ein Orts- oder Ferngespräch handelt.

Für das Telefonieren ist in Griechenland nicht die Post, sondern die staatliche Telefongesellschaft OTE zuständig. Sie ist in allen größeren Ortschaften mit Filialen vertreten. Die öffentlichen Fernsprechapparate sind überwiegend auf Kartenbetrieb umgestellt; Karten erhält man in Supermärkten, an Kiosken und bei der OTE. Ein Drei-Minuten-Gespräch nach Deutschland, Österreich oder in die Schweiz kostet etwa 3,30 €. Für Telefongespräche vom Hotel aus muss man mit erheblichen Gebührenaufschlägen rechnen.

Tiere
Für die Mitnahme von Hunden und Katzen benötigt man ein amtstierärztliches Gesundheitszeugnis in engli-

scher Sprache, das nicht älter als 14 Tage sein darf, sowie eine Tollwut-Impfbescheinigung, die nicht älter als 12 Monate sein darf.

Trinkgeld
Wie international üblich, sind bei zufriedenstellendem Service 5 bis 10 % angemessen.

Verkehrsverbindungen
Mietfahrzeuge
Vom einfachen und relativ preiswerten Fiat bis hin zum offenen Jeep steht auf Kos ein breites Angebot an Mietfahrzeugen parat.

Aufgrund der sommerlichen Temperaturen verlocken Mopeds, Vespas und Motorräder zu Touren über die Insel. Mietstationen gibt es in allen größeren Orten auf Kos.

Die Alkoholgrenze liegt bei 0,5 Promille. Auf Kos findet man ein dichtes Tankstellennetz vor.

Öffentliche Verkehrsmittel
Wer nicht gerade abgelegene Strände und Bergregionen aufsuchen will, kann auf Kos mit öffentlichen Bussen jeden Ort erreichen. Fahrkarten sind im Bus erhältlich.

Taxis
Vor allem außerhalb von Kos-Stadt verkehren Taxis häufig zu Fixpreisen. Man sollte vorab nach dem Preis fragen, um vor Überraschungen sicher zu sein. Für Nachtfahrten und Gepäck werden Aufschläge verlangt.

Fahrräder
Im Nordteil der Insel und rings um Kos-Stadt bieten sich Fahrräder als geeignetes Fortbewegungsmittel an. An einigen Stellen gibt es sogar Fahrradwege.

Wirtschaft
Landwirtschaft, Fischfang und Handel waren einst die bedeutenden Wirtschaftszweige auf Kos und seinen Nachbarinseln. Doch wie überall in Griechenland hat deren Bedeutung während der letzten zwei Jahrzehnte stark abgenommen. Das Mittelmeer ist über weite Strecken beinahe leer gefischt, so dass nur noch wenige Fischer hier ihr Auskommen finden. Und auch Landwirtschaft lohnt sich nur noch für wenige Menschen, vor allem junge Leute ziehen eine Arbeit in anderen Berufszweigen vor. Tourismus heißt das neue Zauberwort, und immer mehr Bewohner sind von diesem Erwerbszweig direkt oder indirekt abhängig. Sei es als Betreiber von Tavernen, Hotels und Pensionen, als Beschäftigte im Dienstleistungsgewerbe oder im ebenfalls damit verbundenen Bau- und Transportwesen. Mittlerweile arbeiten fast zwei Drittel aller Beschäftigten in Bereichen, die direkt oder indirekt mit dem Tourismus verknüpft sind. Dies hat zumindest zu einem relativen Wohlstand geführt, denn während die Dodekanes-Inseln einst zu den ärmsten Regionen Griechenlands zählten, gehören die Inselbewohner heute hinsichtlich des Pro-Kopf-Einkommens zu den Spitzenverdienern des Landes.

Zeitverschiebung
In Griechenland gilt die Osteuropäische Zeit (OEZ). Ganzjährig muss die Uhr um eine Stunde vorgestellt werden. Um 12 Uhr unserer Zeit ist es also in Griechenland 13 Uhr.

Zoll
Seit einigen Jahren sind die Zollkontrollen an den Binnengrenzen der Europäischen Union entfallen (nicht jedoch etwaige Sicherheitskontrollen). Mengenmäßige Ein- und Ausfuhrbeschränkungen für Tabak, Alkohol etc. gibt es somit innerhalb der EU nicht mehr. Es muss allerdings erkennbar sein, dass die mitgeführten Waren ausschließlich für den Privatgebrauch bestimmt sind. Sollten die Grenzbehörden den Verdacht haben, dass mit den Waren gehandelt wird, wird man zur Versteuerung herangezogen.

Kartenatlas

Orientierung leicht gemacht: mit Planquadraten und allen Orten und Sehenswürdigkeiten.

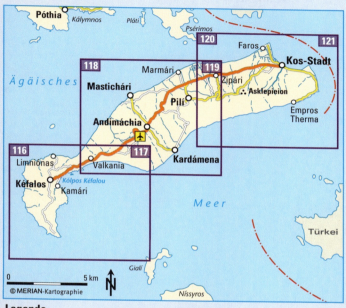

Legende

Routen und Touren
- Inselrundfahrt (S. 78)
- Zum einsamen Westkap (S. 80)
- Die Schwammtaucherinsel Kálymnos (S. 82)
- Entdeckungsfahrt nach Léros (S. 85)
- Die Vulkaninsel Níssyros (S. 88)
- Nach Pátmos (S. 92)
- Nach Psérimos (S. 96)

Sehenswürdigkeiten
- 10 MERIAN-TopTen
- 10 MERIAN-Tipp
- Sehenswürdigkeit, öffentl. Gebäude
- Sehenswürdigkeit Kultur

Sehenswürdigkeiten ff.
- Sehenswürdigkeit Natur
- Kirche; Kloster
- Klosterruine
- Ruine
- Moschee
- Museum
- Leuchtturm
- Archäologische Stätte
- Höhle

Verkehr
- Fernverkehrsstraße
- Hauptstraße
- Nebenstraße
- Unbefestigte Straße, Weg

Verkehr ff.
- Busbahnhof
- Schiffsanleger
- Flughafen
- Flugplatz

Sonstiges
- Information
- Markt
- Camping
- Strand

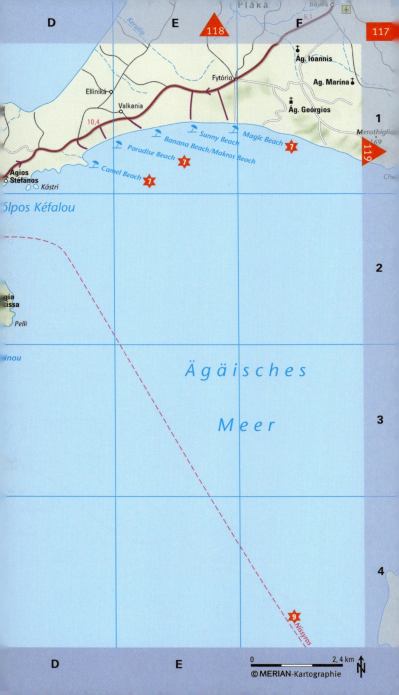

Kartenregister

A
Adima ○ 118, B7
Ág. Akindynos ★ 118, C7
Ag. Anargyroi ★ 119, D8
Ág. Christos ★ 118, C6
Ág. Christos ★ 119, E6
Ag. Evrikiou ★ 119, D7
Ág. Geórgios ★ 117, F1
Ág. Geórgios ★ 119, D7
Ág. Geórgios ★ 119, E6
Ág. Geórgios ★ 119, E7
Ág. Geórgios ★ 121, D11
Ág. Ioánnís ★ 117, F1
Ág. Ioánnís ★ 120, B10
Ág. Ioánnís ★ 120, B11
Ág. Kónstantinos ★ 118, C6
Ag. Marína ★ 117, F1
Ag. Marína ★ 118, C8
Ag. Marína ★ 121, D10
Ag. Panagía ★ 119, F7
Ag. Panagía ★ 120, A12
Ag. Panagía ★ 120, C11
Ag. Panagía ★ 120, C11
Ág. Panteleímon ★ 119, E6
Ág. Panteleímon ★ 121, E10
Ag. Paraskeví ★ 119, D7
Ág. Vasileios ★ 120, C10
Ág. Zacharias ★ 120, C11
Ágía Paraskeví ★ 116, B2
Ágios Dimítrios ○ 120, B11
Ágios Fokás ~ 121, E11
Ágios Fokás ○ 121, E11
Ágios Geórgios ★ 119, D6
Ágios Ioánnis ★ 118, C6
Ágios Ioánnis Thymianós ★ 116, C3
Ágios Mámas ★ 116, C3
Ágios Pávlos ★ 119, F5
Ágios Stéfanos ★ 117, D1
Ágios Theológos ★ 116, B2
Akr. Sykofa ▲ 116, B1
Alikes ~ 119, E5
Amanioú ★ 119, F6
Amanioú ○ 120, A11
Andimáchia ★ 119, D7
Arankí ○ 119, D8
Asfendiou ○ 119, F6
Asklepieion ★ 120, C10
Asómatos ○ 120, B11
Aspri Pétra ★ 116, C2

B
Banana Beach ~ 117, E1
Basilika Kamaríou ★ 116, C2
Boues ○ 118, C7

C
Camel Beach ~ 117, D1
Chelónas ▲ 119, D8
Christós ★ 116, B2

D
Díkeos ∞ 119, E7
Drépano ▲ 116, B1

E
Elaión ○ 119, F7
Ellinikά ○ 117, D1
Embrós-Thermen ★ 121, D11
Empros Therma ○ 121, D11
Erimitis ∞ 121, D11
Evangelístria ★ 121, D10
Evangelístria ○ 119, F6

F
Faros ○ 120, C9
Fokás ▲ 121, E11
Fytório ○ 117, E1

I
Issodía Theotókou ★ 119, F6

K
Kaka Pinari ○ 121, D10
Kamári ★ 116, C2
Kamaríou ★ 116, C2
Kap Kata ▲ 116, B2
Kardámena ○ 119, E8
Kastell von Andimáchia ★ 119, E7
Kástri ▲ 117, D2
Kata Beach ~ 116, B2
Kefala ∞ 120, C11
Kéfalos ▲ 116,C2
Kéfalos-Stadt ○ 116, C2
Kiragoma ~ 119, E6
Kólpos Kefalou ~ 117, D2
Kos Camping ★ 121, D10
Kos-Stadt ○ 121, D10
Krikélos ▲ 116, C3
Krotíri ∞ 116, B2

L
Lagoúdi ○ 119, F6
Lámbi ~ 121, D9
Lámbi ○ 120, C9
Látra ∞ 116, C3
Likorítsa ▲ 118, B7
Limní ○ 119, E6
Limniónas ○ 116, C1
Linopótis ○ 119, E6

M
Magic Beach ~ 117, E1
Makros Beach ~ 117, E1
Marmári ○ 119, E5
Mastichári ○ 118, C6
Merothiglia ∞ 119, D8

P
Palátia ★ 116, C2
Paléo Pilí ★ 119, F6
Panagía i Palatianí ★ 116, C2
Panagía Ziniótissa ★ 116, C2
Paradise Beach ~ 117, E1
Paradísi ○ 121, D10
Pelli ▲ 117, D2
Pilí ○ 119, E6
Pisó Thermen ★ 120, B12
Pithas ○ 119, E5
Plaka ~ 118, B7
Plaka ∞ 118, C7
Platáni ○ 120, C10
Plati ~ 121, D10
Profitis Ílias ∞ 119, F6
Profitis Ílias ★ 121, D11
Psalídi ▲ 121, E10
Psalídi ○ 121, E10

R
R. Grande ~ 119, D7
Robinson Club Daidalos ★ 119, D8
Roússa ▲ 120, A9

S
Skandári ▲ 120, C9
Sténon Kapari ~ 120, A9
Sunny Beach ~ 117, E1
Sympetro ∞ 121, D11

T
Tigáki ○ 119, F5
Tolári ○ 119, E7
Troúlos Beach ~ 118, C6

V
Valkania ○ 117, E1

Z
Zía ○ 119, F6
Zini ∞ 116, C2
Zipári ○ 119, F5

Kartenregister 123

Zeichenerklärung
- ○ Orte
- ▲ Kap, Gebirge
- ∞ Landschaft
- ~ Gewässer, Strand
- ★ Sehenswürdigkeit
- ☆ Nationalpark

Kos-Stadt
Straßenverzeichnis
25 Martíou c4
31 Martíou b4

A
A. Ioanidi c4
A. Lagoumitzi f6
A. Papanastasiou d6
Ach. Pasanikoláki c4
Ag. Nikólaou d5
Aktí Koundourióti b2
Aktí Miaoúli e4
Alikarnassou a3
Amerikis a1
Andimahou b1
Apélou b5
Arseniou e5
Artemisias e5
Averóf b2

B
Bouboulinas a3

D
Dolphin Sq. b3

E
El. Venizélou a4
Epiharmou e5
Evripilou f5

F
Feréou c4
Filimonos e5
Filita c4

G
G. Avérof b1
G. Ioanidi e5
Grigoríou E. b6

I
Iféstou c5
Ipokrátous d4
Ipsilantou c4
Irodótou b3

K
Kanári a1
Karaskaki f6
Kleopátras c5
Kleovoulou a4
Knidou e5
Konitsis Sq. c5
Korai d5/e5
Koritsas Sq. a5
Korítsas a3

M
Makariou b4
Makrigiani d6
Mandilara a2
Meg. Alexándrou a5
Metsovou c5
Mitropoleos d4

N
Navarinou a2
Nimfeo b5

O
Omírou b3

P
P. Tsaldári b5
Paleologou Sq. a5
Papatheofanous f6
Pisandrou b5
Pl. Agías Paraskévís
Pl. Diagóras b5
Pl. Eleftherías c5
Pl. Ioánnou Theológou b5
Pl. Ipokrátous d3
Pl. Konitsis c5
Pl. Platánou c3

S
Spetsoní b2
Sq. Kazouli c4

T
Themistokléous a1
Thesalou f5
Tsaldári b4
Tsiminaki e6

V
V. Ipirou a5
V. Pavlou c5
Vas. Pávlou b5
Vasileos Georgiou e4
Veropoulou a3
Via Cardo b5
Via Decumana b6
Vironos d5

X
Xenofondos e6
Xysto b5

Z
Zaraftou a6

Sehenswürdigkeiten

A
Acropolis c5
Agorá c4/d4
Ág. Nikólaos d5
Ag. Paraskeví c4
Anatolía Hamám b5
Antike Agora c4/d4
Antikes Stadion b4
Archäologisches Museum c4

C
Casa Romana c6

D
Defterdar-Moschee c4
Dionysos-Tempel c5/c6

G
Gouverneurspalast d3
Gymnasion b5

H
Hellenistische Bäder b3

I
Italienische Bauten c4

K
Kastell c2/d3

L
Loggia-Moschee d3

M
Mandráki c3
Markthalle c4

N
Nymphäon b5

O
Odéon b6
Orthodoxe Kathedrale e4

P
Platane d. Hippokrates d3

R
Römische Bäder b4/c4

T
Tempel und Altar des Dionysos c5-6

W
Westliches Ausgrabungsgelände b5/b6

Orts- und Sachregister

Hier finden Sie alphabetisch aufgeführt alle in diesem Band beschriebenen Orte und Ziele, Routen und Touren. Bei einzelnen Sehenswürdigkeiten steht jeweils der dazugehörige Ort in Klammern, bei Hotels steht zusätzlich die Abkürzung H für Hotel. Außerdem enthält das Register wichtige Stichworte sowie alle MERIAN-TopTen und MERIAN-Tipps dieses Reiseführers. Wird ein Begriff mehrfach aufgeführt, verweist die **fett gedruckte** Zahl auf die Hauptnennung im Band.

A
Achilleas Beach (H, Mastichári) 55
Aeolos Beach (H, Lámbi) 49
Afenthoúlis (H, Kos-Stadt) 33
Agía Kioúra (Parthéni) 86
Agía Marína 85
Agía Paraskeví (Kos-Stadt) 37
Ágios Fokás 44
Ágios Geórgios (Mastichári) 56
Ágios Geórgios (Pilí) 65
Ágios Ioánnis (Mastichári) 55, **56**
Ágios Ioánnis Theológos 91
Ágios Ioánnis Thymianós **74**, 79, 80
Ágios Issidóros 87
Ágios Mámas 80
Ágios Nikólaos (Pilí) 65
Ágios Pávlos (Zipári) 67
Ágios Stéfanos 69, **70**
Agorá (Kamári) 70
Agorá (Kos-Stadt) 35
Agriovádi 95
Albergo Gelsomino (Kos-Stadt) 36
Alexis (H, Kos-Stadt) 33
Álinda 86
Andimáchia 9, **59**, 79
Anna (H, Kos-Stadt) 33
Áno Pilí 65
Anreise 108
Anthoula (H, Kamári) 70
Anthoulis (H, Kamári) 70
Antikes Theater (Palátia) 74
Apollon (H, Lámbi) 50
Arap (MERIAN-Tipp, Platáni) 49
Archäologisches Museum (Kos-Stadt) 35, 36, **39**
Arginóndas 84
Artemistempel (Léros) 86
Asklepieion (MERIAN-TopTen) 7, **45**
Asómatos 61
Aspri Pétra 74
Atlantis I (H, Lámbi) 50
Auf einen Blick 108
Auskunft 109

B
Bahn 109
Banana Beach 71
Banken 111
Basilika des Kapamá (Zipári) 67
Basilika Kamaríou (Kamári) 70
Bellenitturm 86
Bevölkerung 109
Bodrum 9
Buchtipps 110
Bus 109

C
Caldera 89
Camel Beach 72
Captain's Studios (MERIAN-Tipp, H, Marmári) 54
Casa Romana (Kos-Stadt) 35
Christós tis Jerusalim (Chóra) 84
Club Méditerranée (H, Kamári) 70
Club-Hotel Akti (H, Kardámena) 62

D
Defterdar-Moschee (Kos-Stadt) 35, **36**
Der »wilde Westen« von Kos (MERIAN-TopTen) 69
Díkeos (Zía) 66
Díkeos-Gebirge 8, 59
Dímitra Beach (H, Ágios Fokás) 45
Dionysos-Tempel (Kos-Stadt) 36
Diplomatische Vertretungen 110
Dorfbrunnen (Pilí) 65

E
Einkaufen 18
Embórios 91
Embrós-Thermen (MERIAN-TopTen) 48
Essdolmetscher 106
Essen und Trinken 14
Evangelístria **61**, 78
Events 20

F
Fahrräder 114
Familientipps 28
Feiertage 110
Ferienwohnungen 12
Feste 20
Fischtavernen von Limniónas (MERIAN-TopTen) 71, 73
FKK 110
Flugzeug 108
Fotografieren 110

G
Geld 111
Geschichte 100
Gewürze 19
Goúrna 86
Gouverneurspalast (Kos-Stadt) 35, 36
Grab des Charmylos (Pilí) 65

Orts- und Sachregister 125

Griechisch-orthodoxes Osterfest (MERIAN-Tipp) 22
Gríkos 94
Grotte der Apokalypse 92
Gymnasion (Kos-Stadt) 34, 38

H
Haus der Europa (Kos-Stadt) 39
»Heilige Insel« Pátmos (MERIAN-TopTen) 92
Hippokrates 7
Hotels 12

I
I Latérna (MERIAN-Tipp, Lagoúdi) 64
Ikonen 19
Inselmitte 58
Inselrundfahrt 78
Internet 111
Irene (H, Kos-Stadt) 34
Irina Beach (H, Tigáki) 57
Iris (H, Kos-Stadt) 34
Isódia tis Panagías (Kéfalos-Stadt) 73
Italienische Bauten (Kos-Stadt) 36

J
Johanneskloster (Chorá) 92
Johanniterburg (Mandráki) 88
Johanniterfestung (Kardámena) 61
Juwelier Gatzákis (MERIAN-Tipp, Kos-Stadt) 43

K
Kalimera Kos (H, Kardámena) 62
Kálymnos 9, **82**
Kamári 8, **69**
Kámbos 95
Kap Kata (MERIAN-Tipp) 27
Kap Skandári 8

Kapelle der Jungfrau Maria (Johanneskloster, Chorá) 93
Kardámena 8, 59, **61**
Kastell (Andimáchia) 59, **60**
Kastell (Kéfalos-Stadt) 74
Kastell (Kos-Stadt) 35, **36**
Kastell (Plátanos) 85
Kathedrale (Kos-Stadt) 35
Katholikon (Johanneskloster, Chorá) 92
Káto Pilí 65
Kéfalos 8, 79, 80
Kéfalos-Halbinsel 68
Kéfalos-Stadt 69, **72**
Keramik 19
Kinder 28
Kinderbetreuung 29
Kipriótis Village (H, Psalídi) 51
Kirá 91
Kleidung 112
Kos Palace (H, Tigáki) 57
Kos-Stadt **32**, 78
Kräuter 19
Kreditkarten 111
Krithóni 86
Kunstgewerbe in Pilí (MERIAN-Tipp) 65

L
Lagas Aegean Village (H, Kardámena) 62
Lagoúdi **64**
Lámbi **49**, 95
Lederwaren 19
Léros (MERIAN-TopTen) 9, **85**
»Leuchtende Orangen« 109
Loggia-Moschee (Kos-Stadt) 37
Loutrá 89

M
Magic Beach 72
Magic Life (H, Marmári) 53
Makros Beach 71

Mandráki 88
Mandráki-Hafen (Kos-Stadt) 34
Marienkirche (Plátanos) 85
Marienkloster (Mandráki) 88
Marína (H, Kos-Stadt) 33
Markthalle (Kos-Stadt) 35, 36, **42**
Marmári **53**, 79
Massoúri 84
Mastichári 8, **54**
Mastichári Bay (H, Mastichári) 55
Medizinische Versorgung 112
Meloi 94
Mietautos 114
Mirtiés 84
Mitbringsel 18
Moní tis Apokálipsis 92
Monítou Evangelismoú 94
Mountainbiking 25
Mühle (Andimáchia) 59
Museum (Johanneskloster, Chorá) 94
Museum (Pilí) 65
Museum (Plátanos) 85
Musik 19

N
Nikiá 91
Níssyros 9, **88**
Nobel (H, Marmári) 54
Nordküste 52
Notruf 112
Nymphäon (Kos-Stadt) 38

O
Oceanis Beach (H, Psalídi) 51
Odéon (Kos-Stadt) 34, **38**
Öffentliche Verkehrsmittel 114

P
Paléo Pilí (MERIAN-TopTen) 59, **64**

Orts- und Sachregister

Paleókastro (Mandráki) 89
Páli 89
Panagía i Palatianí 74
Panagía tis Kavourádenas (Xirókambos) 87
Pandéli 85
Panorama-Studios (MERIAN-Tipp, H, Kamári) 13
Panórmos 84
Paradise Beach 69, **72**, 79
Paragliding 25
Parthéni 86
Pátmos (MERIAN-TopTen) 9, **92**
Pensionen 12
Péra Kástro 84
Pilí **65**, 78
Plaka (Andimáchia) 61
Platane des Hippokrates (Kos-Stadt) 35, **38**
Platáni 50
Plátanos 85
Plefoúti 86
Politik 112
Post 112
Póthia 82
Privatzimmer 12
Psalídi 51
Psérimos 96
Psilí Amós 94

R
Rad fahren 25
Ramira Beach (H, Psalídi) 51
Reisedokumente 112
Reiseknigge 112
Reisewetter 113
Reiten 25
Restaurants 15
Robinson Club Daidalos (H, Andimáchia) 60
Routen 76
Royal Park (H, Marmári) 54

S
Salzsee (Alikes, Tigáki) 57
Schiff 108
Schmuck 19
Schwammtaucher 82
Segeln 25
Skála 92
Skaliá 84
Souvenirs 18
Sport 24
Sprache 113
Sprachführer 102
Stadion (Kos-Stadt) 34
Stéfanos-Krater 90
Strände 25
Strände von Kamári (MERIAN-TopTen) 72
Stromspannung 113
Sunny Beach 72

T
Taverne Katérina (MERIAN-Tipp, Kamári) 15
Tavernen 15
Taxis 114
Telefon 113
Tennis 27
Textilien 19
Tiere 113
Tigáki **57**, 79
Tigáki Beach (H, Tigáki) 57
Touren 76
Trinkgeld 114
Tsakínis Studios (H, Kamári) 70

U
Übernachten 12
Unterkünfte 12

V
Verkehrsverbindungen 114
Veroniki (H, Kos-Stadt) 33
Via Cardo (Kos-Stadt) 38
Via Decumana (Kos-Stadt) 38
Villa Bessi (H, Kardámena) 62
Virginia (H, Kos-Stadt) 34
Volkskundemuseum (Andimáchia) 59
Volkskundliches Museum (Kéfalos-Stadt) 74
Vorwahlen 113
Vouvális-Museum (Póthia) 83
Vulkanbesteigung auf Níssyros (MERIAN-TopTen) 88

W
Wandern 27
Wassermühlen (Zía) 66
Wasserski 27
Wein 17
Westen 68
Westkap 80
Westliches Ausgrabungsgelände (MERIAN-TopTen) 38
Windsurfen 27
Wirtschaft 114
Wissenswertes 98

X
Xirókambos 87

Z
Zeitverschiebung 114
Zía 59, **66**, 78
Zipári **67**, 78
Zoll 114

AUS DER MERIAN-GROSSFAMILIE „ITALIEN".

Das eng vernetzte MERIAN Programm bietet Reisen und Genießen auf höchstem Niveau. Was im Magazin vorgestellt wird, lässt sich mit dem Reiseführer vor Ort erleben, und der digitale Reiseführer MERIAN *scout* findet mit Ihrem Navigationsgerät den kürzesten Weg dorthin – oder den schönsten Umweg. Mehr Informationen unter **WWW.MERIAN.DE**

MERIAN
Die Lust am Reisen

Impressum

Liebe Leserinnen und Leser,
wir freuen uns, Ihre Meinung zu diesem Reiseführer zu erfahren. Bitte schreiben Sie uns, wenn Sie Berichtigungen und Ergänzungsvorschläge haben oder wenn Ihnen etwas besonders gut gefällt:

TRAVEL HOUSE MEDIA GmbH, Postfach 86 03 66, 81630 München
E-Mail: merian-live@travel-house-media.de, Internet: www.merian.de

Der Autor
Diesen Reiseführer schrieb **Helmuth Weiss**, Jahrgang 1953, der einen Studienabschluss als Diplom-Psychologe hat. Seit 1985 ist er als Lektor und Autor für verschiedene Verlage tätig. Einer seiner Schwerpunkte ist Griechenland; er ist u. a. Autor der MERIAN live!-Bände »Chalkidiki« und »Mykonos«.

Alle Angaben in diesem Reiseführer sind gewissenhaft geprüft. Preise, Öffnungszeiten usw. können sich aber schnell ändern. Für eventuelle Fehler übernimmt der Verlag keine Haftung.

Bei Interesse an Karten aus MERIAN-Reiseführern schreiben Sie bitte an:
iPUBLISH GmbH, geomatics
Berg-am-Laim-Straße 47
81673 München
E-Mail: geomatics@ipublish.de

Fotos
Titelbild: Dodekanes Insel Kos, Kapelle bei Andimáchia (Huber/Stauffenberg)
Alle Fotos R. Irek außer:
Winter/Transglobe Agency 2 l;
Kreder/look 4/5, 48, 68;
Raach/laif 6; Gonzalez/laif 12, 14, 20, 23, 27, 28, 42, 50, 56;
F. Dressler 16, 22, 30/31, 34, 37, 46, 49, 67, 72, 73; M. Pasdzior 24, 41, 55, 60, 63, 71, 76/77;
IML IMAGE GROUP LTD/laif 26, 86, 96; On Location/laif 32;
Endler/look 52; Amme/laif 94, 95

© **2006 TRAVEL HOUSE MEDIA GmbH, München**
MERIAN ist eine eingetragene Marke der GANSKE VERLAGSGRUPPE.

Alle Rechte vorbehalten. Nachdruck, auch auszugsweise, sowie die Verbreitung durch Film, Funk, Fernsehen und Internet, durch fotomechanische Wiedergabe, Tonträger und Datenverarbeitungssysteme jeglicher Art nur mit schriftlicher Genehmigung des Verlages.

Programmleitung
Susanne Böttcher
Redaktion/Lektorat
Susanne Kronester/Claudia Engel
Gestaltung
wieschendorf.design, Berlin
Karten
MERIAN-Kartographie
Produktion
Martina Müller
Satz
Filmsatz Schröter, München
Druck
Appl, Wemding
Bindung
Auer, Donauwörth
Gedruckt auf
Nopacoat Edition von der Papier Union

1. Auflage
ISBN (10)   3-8342-0078-6
ISBN (13) 978-3-8342-0078-5

Ein Unternehmen der
GANSKE VERLAGSGRUPPE